그 남자가 원하는 여자,
그 여자가 원하는 남자

그 남자가 원하는 여자,
그 여자가 원하는 남자

1판 1쇄 발행 2003. 1. 4.
1판 39쇄 발행 2023. 5. 26.

지은이 김성묵

발행인 고세규
발행처 김영사
등록 1979년 5월 17일 (제406-2003-036호)
주소 경기도 파주시 문발로 197(문발동) 우편번호 10881
전화 마케팅부 031)955-3100, 편집부 031)955-3200 | 팩스 031)955-3111

값은 뒤표지에 있습니다.
ISBN 978-89-349-1208-8 03330

홈페이지 www.gimmyoung.com   블로그 blog.naver.com/gybook
인스타그램 instagram.com/gimmyoung   이메일 bestbook@gimmyoung.com

좋은 독자가 좋은 책을 만듭니다.
김영사는 독자 여러분의 의견에 항상 귀 기울이고 있습니다.

그 남자가 원하는 여자,
그 여자가 원하는 남자

김성묵 지음

김영사

차례
CONTENTS

5장 ♂≠♀

6장 30cm의 간격을 극복하는 법

책을 내면서

지난해 6월 우리 국민은 쉽게 맛볼 수 없었던 흥분과 강한 에너지를 느꼈다. 월드컵의 열기로 거의 한 달 동안 잠을 설치며 흥분했던 기억이 아직 우리 모두의 가슴속에 남아 있다.

그땐 우리 가족도 하나, 민족도 하나였다. 우리에게 '승리', '4강 진출'이라는 감격보다 더 큰 감동을 준 것은 바로 '우리는 하나'라는 사실이었다. 그 하나의 시작에 내가 있었으며, 우리 '모두'가 있었다.

우리 민족은 그동안 바쁜 일상에 쫓겨 하나됨을 잊고 살아왔다. 서로 사랑하면서도 서로에 대한 이해의 부족으로 사랑을 표현하지 못한 채, 하나됨을 이루지 못하고 살아온 것이다.

현재 많은 가정들이 무너져가고 있다. 통계에 의하면 이혼율이 이미 40%를 넘어섰는데, 이는 OECD 가입국 중 세 번째로 높은 수치로서, 이대로 계속 방치하면 곧 1위라는 불명예를 기록할 것이라는 이야기가 들리고 있다.

이혼하는 많은 분들 또는 가정에서 갈등하고 있는 많은 부부들을 만나 상담을 해보면 대체로 "성격이 안 맞아 못 살겠다"고 주장한다.

그러나 나는 실제로 아버지학교와 두란노가정치유학교, 신혼부부학교 등에서 강의를 하고, 많은 상담을 하면서 갈등의 근본 원인이 대부분 성격 차이가 아니라는 사실을 발견하고는 깜짝 놀랐다.

결혼을 준비하는 사람들을 위한 결혼예비학교에서 강의를 하면서 "당신은 왜 이 사람을 배우자로 선택하셨습니까?"라는 질문에 60%가

넘는 사람들이 "성격이 좋아서"라고 대답했다. 그리고 남자는 배우자를 선택하는 기준이 첫째 성격, 둘째 외모라고 말했고, 여자는 첫째 성격, 둘째 장래성이라고 말했다. 대부분의 사람들이 "성격이 좋아서" 배우자로 선택하고 결혼한다는 것이다.

"그런데 왜 성격 때문에 이혼하는 것일까?"

이것이 나의 고민이었고, 나의 문제였다.

실제로 내 경우에도 "성격이 좋아서" 지금의 아내를 배우자로 선택했고, 캠퍼스 커플로 열렬한 연애 끝에 결혼했다. 그러나 서로가 좋아했던 성격 때문에 문제가 생기기 시작했고, 갈등의 골이 깊어지면서 파경 직전까지 이르게 되었다. 정말 무엇이 문제인지 알 길이 없었고, 단지 성격이 맞지 않는다고 생각하고는 새로운 돌파구를 찾아 방황하게 되었다.

"정말 무엇이 문제였을까?"

성격 차이 이전에 바로 남녀의 성 차이가 있음을 몰랐던 것이다.

우리는 차이라는 말을 싫어한다. 차이라는 말은 곧 차별을 의미한다고 생각하고 인정하기를 거부한다. 그러나 남녀의 차이는 엄연히 존재한다. 이 차이를 인정하지 않을 때 자신도 모르는 사이에 갈등의 구조 속으로 빠져들게 되는 것이다.

차이는 다르다는 것뿐이다. 그런데 우리는 차이를 '틀렸다', '옳지 못하다', '열등하다', '뭔가 이상하다'고 생각한다.

손자병법에 '지피지기 백전불태(知彼知己百戰不殆)'라는 말이 있다. 상대방을 알고 나를 알면, 백번을 싸워도 위태롭지 않다는 뜻이다.

상대방을 알고 나를 알면, 갈등이 깊어질지라도 파경에는 이르지 않는다. 성장과 성숙의 비결이 여기 있다. 상대방을 바로 이해하고 나를 아는 것, 이것이 문제 해결의 실마리이며 행복의 지름길이다.

늘 우리 부부가 강의를 끝내고 나면 듣는 이야기가 있다.

"아니, 언제 우리 집에 와보셨어요? 바로 우리 집 이야기를 하시네요?"

그동안 아버지학교를 진행하면서, 그리고 강의와 상담을 통해서 느끼고 깨달은 사실들을 책으로 엮어냄으로써 부부가 서로 이해하고 사랑하여 행복한 가정을 세우고, 밝은 세상을 만들며, 건강한 사회를 만들어가는 꿈을 펼칠 수 있길 바란다.

특별히 지난 30년의 결혼생활을 통해 우리 부부가 경험해왔던 갈등의 요소들을 공개함으로써 우리와 같은 문제로 갈등을 겪는 분들에게 용기를 주고 싶다.

갈등은 거침돌이 아닌 디딤돌이다. 그 첫걸음이 바로 서로의 차이를 이해하고 용납하는 것이다.

이 글을 함께 읽으면서 결혼에 대한 아름다운 꿈을 갖고 있는 분들이 인간에 대한 이해를 깊이 하며 실질적인 준비를 할 수 있었으면 좋겠다. 준비된 결혼이 아름답다.

많은 부부들이 서로의 모습을 돌이켜보고, 고민하고 서로 용서하며, 함께 기뻐하면서 서로를 이해하고 자신을 돌아볼 시간을 갖기를 바라는 마음 간절하다.

그래서 위기에 처해 있는 부부들이 새로운 출발을 할 수 있는 디딤돌로 삼는다면, 화석이 되어버린 듯한 사랑의 돌을 가슴에 박고 사는 많은 부부들이 그 화석에서 꽃을 피우게 되어 하루하루를 행복으로 물들이게 된다면, 부족한 필력으로 책을 엮은 부끄러움과 용기가 큰 보람으로 바뀔 수 있을 듯하다.

내 삶에 있어 언제나 든든한 지지자가 되어주는 아내와 가정에 대한 그림이 전혀 없던 나에게 가정사역에 대한 꿈을 심어주고 오늘이 있기까지 격려를 아끼지 않았던 온누리교회의 하용조 목사님, 그리고 항상 기도로 나를 지켜주는 형제 자매들에게 감사하는 마음으로 이 책을 선물하고 싶다.

남편들이여, 아내들이여, 우리가 서로 사랑하여 하나되었을 때 발생하는 그 엄청난 에너지가 자녀들을 건강하게 키울 것이며, 그들이 결국은 새로운 세상을 만들어갈 것임을 기억하라.

사랑의 출발은 서로의 '차이'를 아는 것이다. 그 '차이'를 이해하고 인정하는 것이다. 남자와 여자의 차이를 알면 행복에 이르는 길이 보인다.

가족은 하나이며, 영원하다.

모든 겸손과 온유로 하고 오래 참음으로 사랑 가운데서 서로 용납하고, 평안의 매는 줄로 성령의 하나되게 하신 것을 힘써 지키라. 몸이 하나이요 성령이 하나이니 이와 같이 너희가 부르심의 한 소망 안에서 부르심을 입었느니라." (에베소서 4:2~4)

1장 / 여자 대탐험

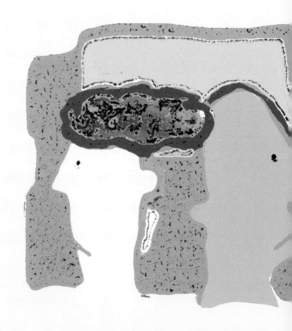

남의 일 같지 않아요

　　지난 가을, 보도 위로 낙엽들이 바람에 날려 이리저리 몰려다니는 어느 날이었다. 며칠 사이 아내의 기분이 내려앉은 것 같아 보였다. 잘 웃지도 않고 말수가 적어지더니 물어보는 것에만 대답을 하는 둥 마는 둥 좀 이상해 보였다. 가을을 타나 싶기도 하고 혹시 무슨 일이 있나 해서 아내에게 조심스럽게 물어보았다.

　"여보, 당신 요즘 어디 아파? 영 기분이 아닌 거 같은데, 아니면 무슨 일이 있어?"

　"아무 일도 없어요."

　"그런데 왜 그래? 평상시하고는 다른걸."

　아내는 더 이상 아무 말도 하지 않고 그냥 날 우두커니 바라보

기만 했다. 그러더니 가볍게 한숨을 내쉬면서 이렇게 말하는 것
이었다.

"모든 게 다 허무한 것 같아요. 산다는 게 도대체 무슨 의미가
있죠?"

나는 그 말에 깜짝 놀라고 말았다. 순간 내가 또 뭘 잘못했나
싶은 생각이 들어 재빨리 이 일 저 일 생각해보았지만 떠오르는
게 없었다. 그런데 모든 게 다 허무하다니, 별것도 아닌 거 가지
고 또 내게 잔소리를 할 모양이라는 생각이 드니 은근히 기분이
상했다. 당연히 말투가 좋을 리 없었다.

"내가 또 뭐 잘못한 게 있어? 내가 뭐 잘못한 거라도 있냔 말
이야?"

"누가 당신더러 잘못했대요? 그냥 산다는 게 허무한 것 같아
그렇지요."

그러면서 아내는 또 가벼운 한숨을 내쉬었다.

"여보, 사실은……."

아내의 한숨을 쉬는 모습에 울컥한 나는 아내의 말을 막고 조
금 더 톤이 높아진 음성으로 말했다.

"아니, 그 이야기가 그 이야기지 뭐가 달라. 남편 앞에서 한숨
쉬며 산다는 게 의미가 없다고 말하는 아내를 도대체 어떻게 생

각하란 말이야? 내참, 여자 비위 맞추기 힘드네. 뭘 또 어떻게 하라고 그러는 거야."

그렇게 기분 나쁜 투로 내뱉듯 말하고서, 나는 아내를 거실에 놓아두고 방으로 들어가버렸다.

방에 들어와 가만 생각해보니 괘씸하기도 하고, 일종의 패배 의식도 들면서 나까지 덩달아 마음이 허전해지는 것이 느껴졌다.

'아내가 나와의 삶을 행복하게 생각하지 않고 허무하다고 하니, 내 인생은 실패작이구나'라는 생각까지 들면서 마음이 점점 더 가라앉았다. 한번 가라앉기 시작한 기분은 추를 매단 것처럼 자꾸만 아래로 추락했다. 심지어 '나는 아내 한 사람도 행복하게 해줄 수 없단 말인가?'라는 생각이 들기도 했다.

별의별 생각이 다 들었지만 아내가 왜 그러는지 도저히 감을 잡을 수가 없었다.

얼마의 시간이 흐르자 아내가 먼저 내게 말을 걸어왔다.

"여보, 왜 그렇게 기분 나빠 하세요? 아까 그 말이 그렇게도 언짢았어요? 내 말은……."

"나도 내 인생에 대해 생각해보고 있었어."

나는 또 아내의 말을 가로막았다.

"이제까지의 내 삶이 실패작인 것도 같고, 뭐 당신한테 잘해준 것도 없고 당신이 행복한 것 같지도 않고……. 사실 나 같은 사람 만나서 고생만 했지. 미안하오."

그럴 생각은 아니었는데도 약간은 빈정대며 자조 섞인 투로 말이 이어졌다. 그러자 아내는 어쩔 줄 몰라 하면서 말했다.

"여보, 왜 그런 말을 해요? 누가 당신 인생이 실패작이라고 했어요? 왜 내 말은 들어보지도 않고 그런 생각을 하세요."

아내는 화를 내지도 않고 차분하게 말을 이었다. 사실 말을 가로막았으니 내 쪽에서 실수한 것인데도 오히려 아내 쪽에서 조심을 하는 것 같았다.

"사실은 그게 아니고, 왜 내 친한 친구 있지요. 남편 때문에 늘 속 썩던 그 친구가 결국 이혼해서 이제 남편 때문에 스트레스 안 받고 사나보다 했는데, 몸이 이상해서 병원에 갔더니, 글쎄 암이라고 하더래요. 그 이야기를 듣고 나도 너무 우울해져서 그랬던 건데……. 당신은 내 말을 다 듣지도 않고 도대체 왜 그래요?"

말 끝머리에서 아내는 몹시 슬픈 목소리였다.

그 순간, 얼마나 황당하고 미안하던지 얼굴이 다 화끈거릴 지경이었다. 하지만 자존심 때문에 미안하다는 말을 할 수가 없어서 "아니, 나도 뭐, 인생이 그렇다는 이야기야" 하고 얼버무리고 남자는 여자로부터 "당신은 성공한 사람이에요" 라는 말을 듣고 싶어한다.

그리고 여자는 남자로부터 "당신, 얼마나 힘들어? 많이 힘들지?" 하는 말을 듣고 싶어한다.

말았다.

　여자는 자기와 상관없는 일일지라도 자신을 대입해서 생각하는 존재이다. 결국 친구의 아픔을 자기의 삶에 대입하면서, 그 친구의 인생이 무의미하니 내 인생도 무의미하다고 생각하며 깊은 우울 속으로 빠지는 것이다.

　그러나 남자들은 이런 사정을 알지 못한다.

　아내가 인생에 대해 무의미하다든가, 인생은 불행한 것이라고 결론을 내리면 남자는 '내가 무언가 잘못하고 있구나' 이렇게 생각한다. 남편은 아내의 행복을 통해 성취감을 맛보기 때문이다.

　그래서 남자는 여자로부터 "당신은 성공한 사람이에요"라는 말을 듣고 싶어한다. 그리고 여자는 남자로부터 "당신, 얼마나 힘들어? 많이 힘들지?" 하는 말을 듣고 싶어한다.

　미국 농구의 천재, 마이클 조던이 아내로부터 이혼 소송을 당했다는 외신 보도가 있었다. 이 시대 전세계 젊은이들의 우상인 마이클 조던의 파경 소식은 상당한 충격을 주었다.

　가정보다는 코트로 달려가던 성취 지향적인 남편, 그래서 아내는 더 이상 홀로 가정을 지키기가 힘들었을지도 모른다. 부와 명예와 뛰어난 육체적 조건을 지닌 남편이지만 부와 명예와 힘, 그 모두가 아내에게는 무의미한 것이었을지도 모른다.

아내들이 필요로 하는 건 스타가 아닌 단지 곁에서 자신을 위로해줄, 자신의 이야기에 귀기울이며 마음을 이해해줄 남편이었는지 모른다.

성공에 성공을 거듭한 농구의 천재도 가정에서 이와 같은 어려움을 맛보았던 것이다. 어쩌면 그는 '내가 인생에 실패했구나' 하는 생각을 했을 것이다. 그후 다행히 두 사람이 슬기롭게 문제를 해결했지만.

남녀의 차이를 아는 것이 진짜 성공의 기본이다.

그러므로 우리는 기본으로 돌아가야 한다.

그리고 남편들이 기억해야 할 것들이 있다. 아내들의 기분이 가라앉아 있을 때

당장 끌어올리려고 애쓰지 말아야 하며,

그런 현상이 자신의 잘못만은 아니므로

너무 자신을 탓하지 말아야 한다.

대부분의 남편들은 아내의 기분이 저조하면 자기 때문에 그

렇다고 생각하고 왜 그러냐고 묻거나, 이유를 알게 되더라도 "뭐 그만한 일로 그러고 있어. 별것도 아닌 걸 가지고"라고 말하게 마련이다.

이런 말은 처져 있는 아내에게 도움이 되기는커녕 오히려 역효과만 낼 뿐이다.

아내가 필요로 하는 남편은 자신의 이야기를 이런저런 비판 없이 들어주며 곁에 함께 있어주는 남편이다. 그렇게 자신을 마음으로 이해하면서 함께 느낄 수 있는 남편을 원한다.

만약 남편의 조언이 적절하다 할지라도 그녀 스스로가 받아들이기 전에는 소용이 없고, 오히려 그 말을 이미 잘 알고 있기 때문에 기분이 더 나빠질 수도 있다. 아내 스스로 더 이상 가라앉으면 안 된다는, 더 이상 가라앉을 곳이 없다는 판단이 섰을 때 아내는 비로소 수면 위로 떠오르려고 노력한다.

그러니 아내가 기분이 가라앉아 있을 때 빨리 끌어올리려고 조급해하지 말고 느긋하게 기다려라. 물론 무관심하게 그저 기다리라는 것이 아니라 그녀를 이해하고 있음을 아내가 알 수 있도록, 남편이 항상 곁에 있음을 느끼게 하면서 기다려야 한다.

여자는 가끔씩 그렇게 우울해진다는 사실을 잊지 말고 애써 상황을 변화시키려고 하지 말라. 그저 그녀 뒤에는 변치 않는 남편이 버티고 있음을 아내가 느낄 수 있게 해주면 아내는 스스로 자신의 자리로 되돌아온다.

그러므로 누구든지 나의 이 말을 듣고 행하는 자는 그 집을 반석 위에 지은 지혜로운 사람 같으리니, 비가 내리고 창수가 나고 바람이 불어 그 집에 부딪히되 무너지지 아니하나니 이는 주초를 반석 위에 놓은 연고요, 나의 이 말을 듣고 행치 아니하는 자는 그 집을 모래 위에 지은 어리석은 사람 같으리니, 비가 내리고 창수가 나고 바람이 불어 그 집에 부딪히매 무너져, 그 무너짐이 심하니라. (마태복음 7:24~27)

그냥 내 기분을 얘기하는 거예요

　　어느 오후였다. 회사에서 일하고 있는데 직통 전화 벨이 울렸다. 전화를 건 사람은 아내였다.

　"여보! 큰일 났어요."

　아내의 다급한 목소리에 나도 깜짝 놀라 덩달아 목소리가 급해졌다.

　"왜? 무슨 일인데?"

　"여기 백화점인데요. 사람들한테 밀리다가 지갑을 떨어뜨렸어요."

　아내는 당황하고 놀랐던지 말소리가 떨리고 있었다.

　"거봐요, 내가 뭐라고 그랬소. 거기 가지 말라고 그렇게 말하지 않았소!"

아내의 심정은 아랑곳하지 않고 나는 그렇게 나무라듯이 말하고 말았다. 그 순간 전화가 딸깍 끊어지고 말았다.

나는 속으로 아차 싶었지만 이미 엎질러진 물이었다. 아내는 너무 당황한 나머지 내게 전화를 했는데, 나는 책망부터 했던 것이다.

이사 오기 전 우리 집은 서울 강남의 그랜드 백화점 근처였고, 아내는 가깝고 편리한 그곳을 자주 이용했다. 그러나 강북으로 이사한 후에도 아내는 한강을 건너 그 백화점에 계속 다녔다.

백화점에 다녀온 날이면 "아휴, 여보. 강남의 교통이 점점 나빠지는 것 같아요. 얼마나 시간이 걸리고 힘드는지, 아휴 힘들어!" 하며 다리를 주무르기 일쑤였다.

나는 솔직히 그런 아내를 이해할 수가 없었다. 그래서 아내가 힘들어할 때마다 나름대로의 해결책을 제시해주었다.

"그렇게 힘들다면서 왜 그렇게 멀리 가요. 동네 근처에 슈퍼도 있고 더 가까운 백화점도 있는데 거기 가서 쇼핑하면 될 거 아니야?"

그러나 아내는 '공감' 해주는 대신에 '가지 말라'고 해결책만을 제시하는 나에게는 더 이상 이야기도 하지 않고 몰래 그 백화점에 다닌 모양이었다. 그날도 세일기간인 줄 모르고 갔다가 많

그의 아내는 행복의 감정으로 감기쯤이야

금방 나았을 것이다. 뿐만아니라

자신의 정체성을 당당히 확인하고,

남편으로부터 사랑받고 이해받는

행복한 그 기운을

다른 사람들에게 기꺼이 나눠주고자 했을 것이다.

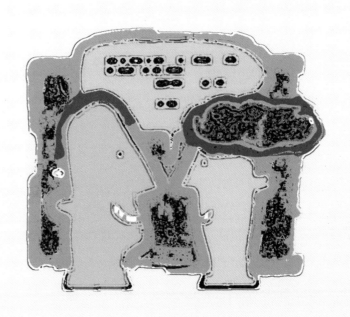

은 인파에 밀리면서 그만 지갑을 떨어뜨리고 말았고 너무 당황하고 놀라서 내게 전화를 걸었던 것이다.

그런데 나는 아내의 놀란 가슴을 이해하고 공감해주는 대신 아내의 행동을 힐책했고, 실망하고 분노한 아내는 전화를 끊고 말았던 것이다.

여자는 어떤 문제가 생기거나 어려움에 처하게 되면 가까운 이로부터 이해받고, 그 사람이 자신의 감정을 함께 공감해주기를 바란다.

남자는 그런 여자의 속마음은 눈치채지 못하고 그저 나름의 해결책을 제시한다.

그럴 때 여자는 비난당하고 있다고 느끼며 '이 사람이 나를 또 가르치려고 하는구나' 하며 마음의 문을 닫아버리게 된다.

그날 저녁, 나는 여느 때보다 일찍 귀가하여 아내의 눈치를 살피며 대화를 시도했다. 내 실수를 잘 알았기 때문에 먼저 사과해야 한다고 생각했던 것이다.

"저 여보, 아까 낮에 미안했소. 기분 나빴지? 사실 회사에서 자금 문제 때문에 머리가 복잡한 상황에서 당신이 갑자기 전화를 하는 바람에 말이 잘못 나온 것 같아. 미안해요, 여보."

"당신 그걸 말이라고 해요? 당신 가정 사역자 맞아요? 나가

서 강의는 그럴싸하게 하고, 내게는 그런 식으로 말해도 되는
거예요?"

아내는 차갑게 쏘아붙였다. 그 시간 이후 내내 얼어붙었던 마
음에서 터져나오는 말이었다.

아내의 말을 듣자 나는 정말 쥐구멍이라도 들어가고 싶은 심
정이었다.

만일 아내가 전화를 걸었을 때 내가 "여보, 얼마나 놀랬소?
그래, 괜찮아? 참, 뭐 중요한 거라도 들어 있었소? 내가 신고해
줄까?" 하고 말했다면, 아내는 잃어버린 지갑은 아까웠겠지만
그런 대로 남편의 사랑에 행복해했을 것이다.

아니면 한 술 더 떠서 "여보, 놀랬지? 내가 그리로 갈까? 근처
커피숍에라도 앉아 기다리고 있어요. 내가 바로 그리 갈 테니"
라고 말했다면 분명 아내는 이렇게 말했을 것이다.

"아니에요, 여보. 괜찮아요. 오지 마세요."

그러면서도 감격의 눈물을 흘렸을 것이다.

염려하고 배려해주는 남편의 자상한 마음에 아내의 마음은
훈훈해졌을 것이고, 그날 아내는 기쁜 마음으로 저녁을 준비할
수 있었을 것이다.

나는 그날 말 한마디 잘못한 대가로 저녁도 못 먹고 결국 혼자

라면을 먹고 자야 하는 신세가 되고 말았다.

어려움에 처했을 때 아내가 손을 내미는 까닭은 해결책이 필요해서가 아니라 남편의 공감과 이해가 절실해서라는 사실을 다시 한 번 뼈저리게 체험한 밤이었다.

자주 만나 얘기도 나누고 차도 한 잔씩 나누는 대학 후배 K가 한숨을 푹푹 쉬며 이렇게 말했다.

"아내가 요즘 냉랭해져서 불편해 죽을 맛입니다. 워낙 싹싹하고 애교가 많은 사람이라 그런 일이 없었거든요. 싸우더라도 다음날까지 가지 않던 사람인데 무슨 일인지 글쎄, 찬바람이 쌩쌩 붑니다. 필요한 말만 딱딱 하고 혼자 책을 읽거나 부지런히 일만 하는 겁니다. 말도 걸어보고 장난도 쳐보려고 하지만 안 먹혀요. 게다가 제가 그런 걸 잘 못하잖아요. 해본 적이 있어야죠."

후배의 아내는 나도 몇 번 본 적이 있었다. 참 상냥하고 늘 주위 사람들을 챙겨주는 따뜻한 마음의 소유자였다.

"마음이 상해도 단단히 상한 모양이군. 무슨 잘못을 저지른 거야?"

내 말에 후배는 "그걸 모르겠단 말입니다. 알면 무슨 대책이라도 세울 텐데……" 하면서 입맛을 다셨다. 하지만 원인 없는 결과가 있을 리 없었다. 상황을 보니 분명 그 아내는 남편 때문에 마음이 상한 것 같았다.

최근에 있었던 일들을 이것저것 물어보며 이유를 찾아보려 했다.

"원인은 그거네. 자넨 아내를 이해해주기는커녕 엉뚱한 타박만 준 거잖아."

그의 아내는 평소에도 다른 사람들을 잘 챙기는 타입이어서 사람들이 잘 따랐다. 친구는 물론이고 후배, 심지어 선배까지도 속상한 일이나 어려운 일이 생기면 그녀를 찾아와 이런저런 얘기를 하고 도움을 청하는 모양이었다. 그래서인지 불려 나가는 일도 많았고 새벽 1시에도 전화가 오기 일쑤였다.

여자는 누군가에게 얘기하는 것을 좋아하기 때문에 좋지 않은 일이 생기면 누군가에게 털어놓고 싶어한다. 그녀는 고민 많은 친구들에게 상담자로서의 역할을 톡톡히 한 모양이었다.

그날 그의 아내는 남편에게 하소연을 늘어놓았다.

"무슨 일들만 생기면 나를 찾으니 너무 힘들어요. 사실 나도 사람이니 바쁘고 힘든 일도 있는데 그 사람들은 내가 항상 자신들을 위해 대기하고 있는 줄 아나봐요. 어제도 경선이가 안 좋은 목소리로 전화를 해서는 좀 만나자고 하는 거예요. 몸살 기운이 심해서 어렵겠다고 했더니 어찌나 서운해하던지, 할 수 없이 나갔지요. 별일도 아니더라고요. 또 시어머니하고 마음 상하는 일이 있었더라고요. 결국 난 감기만 심해지고……. 아휴, 어떨 땐 정말 힘들어요. 나도 누군가에게 하소연하고 싶은데 다들 난 들어주기만 하는 사람으로 알아요."

콧물을 연신 풀어대며 아내는 넋두리를 했고 후배는 대번에 이렇게 말했다고 한다.

"그건 다 당신이 그렇게 만든 거지. 너무 사람 좋게 대하니까 그러는 거야. 솔직히 나도 당신이 친구나 선후배 문제에 매일같이 고민하고 그러는 거 못마땅했어. 그런 사람들이 당신 힘들 때 말 한마디 따뜻이 건네고 먼저 걱정해주는 거 봤어? 이제부터 손을 내밀어도 모른 체해. 자꾸 받아주니까 그러는 거야. 당신이 뭐 해결사야? 당신 스스로 힘든 일을 자초해놓고 힘들다면 어떡해? 지금부터라도 하지 마."

아내는 한동안 아무 말 없이 앉아 있더란다. 그러고는 "그러죠"라면서 나가더란다.

"자넨 큰 잘못을 한 거야."

남편이 이처럼 일방적으로 말해버린 순간, 아내는 남편에게 마음의 문을 닫아버린 것이다.

몸도 안 좋고 해서 남편에게 하소연한 것뿐이지 그녀는 사람들이 어려운 일이 있을 때마다 자신을 찾아주는 것을 좋아했으며 기꺼이 그들과 함께 고민을 나누는 따뜻한 마음을 가지고 있었다. 그런 그녀에게 '해결사'냐고 타박을 주었으니 기분이 어떠했을지 짐작이 갔다.

만약 그날 후배가 아내의 말을 다 듣고나서 이렇게 말했다면 어떻게 되었을까?

"그러게. 당신 참 힘들겠어. 하지만 그게 아무나 할 수 있는 일이야? 사람들이 힘들거나 어려울 때 찾고 싶고 생각나는 사람이야말로 정말 가치 있는 사람이잖아. 그 사람들에게 당신이 얼마나 소중하고 필요한 사람이면 그러겠어? 당신은 그 사람들이 방황할 때 슬기롭게 문제를 헤쳐나갈 수 있게 도와준 거야. 그랬으니 자꾸 당신을 찾는 거지. 그런 훌륭한 사람이 되는 게 어디 쉬운 일이야? 당신이 힘들 땐 내게 말해. 당신이 그 사람들에게 하듯이 내가 다 받아줄게. 난 당신이 그런 따뜻하고 소중한 사람인 게 자랑스러워. 오늘은 푹 쉬어. 뭐 할 일 남았어? 내가 할게."

그의 아내는 행복의 감정으로 감기쯤이야

금방 나았을 것이다. 뿐만아니라

자신의 정체성을 당당히 확인하고, 남편으로부터 사랑받고 이해받는 행복한 그 기운을
다른 사람들에게 기꺼이 나눠주고자 했을 것이다.

그런데 후배는 힘들어하는 아내에게 공감해주기는커녕, 아내가 스스로 기꺼운 마음으로 느끼는 자신의 모습을 부정하는 실수를 저지르고 만 것이다. 자기가 좋아서 하는 일이라도 힘들 때가 있는 것이다. 힘들다고 하소연은 하지만 그녀는 다른 사람들의 카운슬러 역을 좋아하고 보람을 느끼고 있다. 그러니 남편에게 무슨 말을 듣고 싶겠는가.

여자는 사랑하는 사람으로부터 보호받고 있다는 느낌을 무척이나 중요하게 여긴다. 그런데 많은 남자들이 그 점을 모른다. 여자는 기분이 안 좋거나 힘이 들 때 누군가와 함께 있다는 느낌을 가장 필요로 한다. 혼자가 아니라는 느낌, 사랑받고 보호받고 있다는 느낌, 언제나 자기를 지지해주고 편이 되어주는 그런 사람이 필요한 것이다.

아내가 어려움을 호소할 때 문제를 해결하겠다는 생각에 매달리지 말아라. 그저 그녀의 입장에서 생각하고 이해하고, 그녀와 같은 느낌이라는 것을 표현해주어라.

아내는 어떤 상황으로 인해 자기 기분이 어땠는지를 그냥 이야기하려는 것뿐이다. 그런데 남편은 뭔가 도울 생각으로 자꾸 아내의 말을 가로막고 그 문제들에 대한 해결책을 제시하려고 함으로써, 아내로 하여금 이해받지 못하고 공감을 얻지 못한다는 외로움을 느끼게 하는 것이다.

혹은 칼로 찌름같이 함부로 말하거니와 지혜로운 자의 혀는
양약과 같으니라. (잠언 12:18)

핵심만 말해요!

어느 날 저녁, 나는 모처럼 집에 일찍 돌아와 저녁 식사를 마치고 신문을 읽고 있었다. 그때 아내가 조심스럽게 다가와서 말을 건넸다.

"여보, 오랜만에 당신 일찍 들어왔으니 오늘 우리 이야기 좀 해요. 예?"

자리를 잡고 얘기하자고 하는 걸 보니 아마 중요한 이야기가 있나보다 생각하고, 나는 신문을 내려놓고 아내를 향해서 돌아앉았다.

"그럽시다. 무슨 얘기요?"

무슨 얘기냐는 내 말에 아내는 잠시 머뭇거리는 듯하더니 이내 말문을 열기 시작했다.

"여보. 당신이 일찍 들어오니까 참 좋아요. 저녁도 함께 먹고, 또 이렇게 얘기할 시간도 있고, 얼마나 좋은지 모르겠어요."

아내가 이렇게 말문을 여는 것을 보니 특별한 얘기가 있나 싶었다.

"앞으로 이런 날이 자주 좀 있었으면 좋겠어요. 일주일에 한 번씩만이라도 이렇게 일찍 들어오시면 이야기할 시간도 있고 얼마나 좋아요, 그죠?"

'그러니까 특별한 이야기가 있는 건 아니고 나보고 좀더 일찍 들어오라는 얘기구나.'

난 속으로 그렇게 판단하면서 "응, 알았어" 하고 퉁명스럽게 대답했다. 일찍 들어오라고 하면 될 걸 뭐 그렇게 진지하게 말하나 싶었던 것이다.

"그런데 당신, 모처럼 일찍 들어와도 쉴 만한 공간이 없지요? 편안히 앉아서 신문도 읽을 수 있는 그런 공간이 있었으면 좋겠는데……. 여보 참, 왜 그 남편이 사업한다는 친구 있죠? 오늘 내가 그 집에 놀러갔다 왔는데, 서재가 넉넉한 게 잘 꾸며져 있더라고요. 당신한테도 책도 읽고 쉴 수 있는 그런 서재가 있었으면 좋겠다는 생각을 했어요."

아내가 하고 싶은 얘기가 일찍 들어오라는 말은 아닌 모양이었다. 아내의 말이 계속 이어지고, 나는 '아내가 내 생각을 꽤나 해주는구나' 하고 약간 기분이 좋아졌다.

"아, 그래요? 서재가 있으면 좋긴 좋겠지."

"사실, 며칠 전에 신규 아파트 분양하는 데 가서 모델 하우스를 구경했거든요. 참 넓고 좋더라고요. 우린 언제 그런 좋은 곳에서 한번 살아보지요?"

아내는 그 말을 하고서 나를 뚫어지게 쳐다보았다. 그쯤 되니 도대체 아내가 하고자 하는 이야기의 주제가 무엇인지 알 수 없었고, 게다가 언제 좋은 곳에서 살아볼까 하는 푸념도 느껴져 기분이 상하고 말았다.

"당신, 도대체 얘기하고 싶은 게 뭐요? 이사가자는 이야기요? 핵심을 얘기해봐요."

말은 그 사람의 기분을 드러낼 수밖에 없기에 당연히 내 말은 퉁명스러웠다.

퉁명스런 내 말에 아내는 당황한 표정을 지으며, "꼭 그런 것은 아니지만 좀 넓고, 큰 데로 이사가면 좋지 않아요. 그냥 단지 그렇다는 거지요"라고 말끝을 흐렸다. 그러고는 어색해진 자리를 떠나고 말았다.

아내가 그렇게 자리를 뜨고 나자 나 역시 기분이 편치 않았다. 무엇이 문제였을까?

바로 남녀의 차이 때문이다.

남자는 요점을 정리해서 말하기를 좋아하며
직접 화법을 쓰길 좋아하지만,
여자는 설명하며 말하기를 좋아하고
간접 화법을 쓰길 좋아한다.

언젠가 차를 몰고 아내와 함께 지방에 가는 길이었다. 산길은 고요하고 평화스러웠다. 아름다운 경치가 계속 이어졌고 간혹 작고 예쁜 카페들도 눈에 띄곤 했다. 길이 좁고 꼬불꼬불해서 조심스럽게 운전을 하고 있는 내게 아내가 물었다.

"여보, 커피 마시고 싶지 않아요?"

온통 구부러진 길에 신경을 집중하고 있었기 때문에 나는 아내의 얼굴은 쳐다보지도 않고 "아니, 별로 생각 없어"라고 말하고는 계속 차만 몰았다.

얼마 후 조금 편한 길로 나와서야 나는 이렇게 말했다.

"아, 이제 커피 한 잔 했으면 좋겠네. 여보, 우리 커피 한 잔씩 합시다."

그런데 아내는 아무 대답도 하지 않았다. 그제야 흘끗 아내의 얼굴을 보니 어쩐지 굳어져 있는 것 같았다.

"당신, 왜 그래요? 어디 아프오? 아니면 기분 나쁜 일이라도 있소? 갑자기 왜 그래요? 화가 난 것 같구려."

"아니오, 화 안 났어요. 누가 화났대요. 커피 마시고 싶으면 당신 혼자 마셔요."

대답은 화가 나지 않았다 하지만 목소리는 냉랭했다.

나로선 난데없는 일이었다. 아무리 생각해봐도 도대체 이해할 수가 없었다. 조금 전까지만 해도 괜찮았는데 왜 갑자기 아내의 기분이 확 가라앉았는지 알 수가 없었다.

"여보, 도대체 무슨 일이오? 내가 뭐 당신 기분을 상하게 한 일이라도 있소? 커피를 마시자고 해도 혼자 마시라고 하고……."

"아까 내가 마시자고 얘기할 때는 들은 척도 하지 않더니, 이제 당신이 마시고 싶으니까 마셔야 해요? 마시고 싶으면 혼자 마시면 될 거 아니에요?"

아내는 날카롭게 쏘아붙이고는 고개를 홱 돌렸다.

그제야 나는 느끼는 바가 있었다.

아까 아내가 나한테 커피 마시겠냐고 물어본 것은 자기가 마시고 싶다는 말이었다. 더구나 단순히 커피가 아니라 지나는 길에 분위기 좋아 보이는 카페가 몇 군데 있으니 그곳에서 커피를 한 잔 마시고 싶다는 이야기였던 것이다.

하지만 그렇게 말하면 내가 어찌 안단 말인가. 저기 가서 커피 한 잔 하자고 하면 될 일을, 돌려 말해놓고선 못 알아들었다고 섭섭해하니 여자들은 역시 까다로운 존재였다.

"여보, 커피가 마시고 싶으면 마시고 싶다고 이야기하고, 경치를 구경하고 싶으면 세워달라고 직접 얘기를 해야지, 돌려서 이야기하니 내가 무슨 독심술사도 아니고 어떻게 아오?"

말은 그렇게 했지만, 많은 부부들에게 서로의 차이를 알고 서로를 이해하고 사랑하라고 말하고 다니는 내가 아내의 간접 화법을 무심히 지나쳤으니 미안하기도 했다.

이런 경우만이 아니다.

나는 종종 아내의 이야기를 듣다가 그녀의 말이 이치에 맞지 않다고 타박을 하기도 하고 요점이 무엇인지 분명히 하라고 화를 내기도 했다.

그럴 때마다 아내는 나에게서 사랑을 받지 못한다고 느꼈을 것이다. 왜냐하면 그런 내 태도에서 내가 자신을 존중하지 않는다고 느끼게 되기 때문이다.

남자는 직접 화법을 즐기고
필요한 말만 주로 하는 반면에,
여자는 간접 화법을 즐기며 하고자 하는 이야기를 위해
주변의 이야기들을 끌어들이는 편이다.

그 남자가 원하는 여자, 그 여자가 원하는 남자

"당신과 이야기하다보면 가끔 나까지 이상해지오. 당신은 왜 그렇게 생각하는지 모르겠소. 도대체 당신이 무슨 이야기를 하는지 그걸 알 수가 없어."

하지만 이렇게 화를 낼 필요가 없다. 여자의 이야기를 듣고 남자가 화를 내는 것은, 이야기하는 여자의 관점을 이해하지 못했기 때문이지 여자의 잘못이 아니다.

아내가 이야기할 땐 자기랑 생각이 같은지 관점이 같은지, 간접 화법을 쓰든지 간에 따지지 말고 그 마음을 이해하려고 노력해야 한다. 이해의 길은 하고자 하는 사람에겐 열려 있으며 이해하고 못하고는 듣는 사람의 몫이다.

이야기를 할 때 반드시 이치에 맞는 말만 하라는 법은 없다. 이야기 속에는 감정이라는 것이 포함되어 있는 데다가, 사실 감정은 논리적으로 사리에 딱딱 맞기 어려운 게 아닌가.

아내의 이야기를 듣다가 자신과 생각이 다르다고 해서 기분 나빠하거나 아내를 비난해서는 안 된다. 아내의 생각과 자신의 생각이 다르다고 해도 이해하고 공감하려고 노력해라. 이해하기 어렵더라도 말을 막지 말고 아내가 이야기를 다할 때까지 천천히 들어주는 훈련이 필요하다. 그리고 난 뒤 "내 생각은 이런데……"라고 말하면 된다.

아내는 자신의 주장을 강요하다가도 남편이 열심히 경청하고 이해하려고 노력하는 것이 느껴지면 나중에 남편이 하는 말을 받아들일 수 있는 마음의 준비를 하게 된다.

남자는 직접 화법을 즐기고 필요한 말만 주로 하는 반면에, 여자는 간접 화법을 즐기며 하고자 하는 이야기를 위해 주변의 이야기들을 끌어들이는 편이다.

이렇게 서로의 차이를 알고 이해하는 것, 그것이 인격의 성숙도이다. 행복의 지름길은 서로의 차이를 없애는 것이 아니라 그것을 인정함으로써 가까워지는 것이다.

서로의 차이를 인정하면 이해가 싹트지만 서로의 차이를 인정하지 않으면 오해가 싹트게 되어 있다. 그리고 바로 그러한 오해가 갈등의 원인을 제공한다.

수다가 필요해요

몇 해 전 일이다.

회사 일로 바빠서 토요일에도 항상 늦게 퇴근하던 내가 모처럼 일찍 들어갔더니, 아내가 외출을 하고 없었다. 그리고 저녁때가 다 되어서야 돌아왔다.

내가 집에 와 있는 것을 보고 아내는 당황한 듯 말했다.

"언제 오셨어요? 일찍 들어오면 전화나 좀 주시지 그랬어요? 모처럼 친구들 만나서 이야기 좀 하다 늦어졌어요. 미안해요."

그런데도 난 들은 척도 안 하고 쌀쌀맞게 쏘아붙였다.

"내가 당신한테 일일이 신고하고 다녀야 하나? 그리고 당신은 왜 그렇게 쓸데없이 수다를 떨고 다녀? 그럴 시간이 있으면 집에서 책이나 보고 공부나 좀 하지!"

평소에도 가끔 친구들을 만나면 늦게 돌아오는 아내를 보며 도대체 여자들은 그렇게 할 이야기가 많을까, 싶은 생각을 갖고 있었던 터라 그날은 아예 작정을 하고 내뱉은 말이었다.

그러자 아내는 어이가 없다는 듯이 나를 보더니 앵돌아진 목소리로 받아쳤다.

"아니, 누가 수다를 떤다고 그래요. 오랜만에 만나서 이야기 좀 나눴을 뿐인데……."

"뻔하지 뭘 그래? 긴 시간 동안 주제도 없이 이것저것 끊임없이 떠들어대는 그게 수다지 뭐 다른 거야?"

그렇게 윽박지르는 나를 차가운 눈으로 바라보던 아내는 아무 말 없이 방으로 들어가고 말았다.

솔직히 나는 쓸데없이 시간이나 낭비하며 수다를 떨고 다니는 아내를 이해할 수 없었고 속으로는 은근히 깔보기도 했다.

하지만 그것이 잘못이라는 것을 깨닫게 되었다. 여자와 남자는 이야기의 의미 자체가 다른 것이다.

만약 내가 친구를 만나 이야기하는 것을 수다라고 아내를 계속 몰아붙이며 싫어했다면, 아내는 자기를 이해하지 못하는 나를 야속하게 생각하고 친구들과의 만남을 숨기거나 자제하며 혼자 속앓이를 했을 것이고, 그러면서 부부의 관계는 친밀감을 상실해갔을 것이다.

       왜 남자와 여자는 서로 생각하는 것이 다를까?
왜 남자는 수다라고 생각하는 걸 여자는 필요한 이야기라고 생
각하며 서로 기분 언짢아 하는 일이 일어나는 걸까?

이것이 바로 남녀의 차이이다.

성취 지향적인 남자들은 점심 약속을 할 때도 성취, 즉 목표
를 생각하며 점심을 약속한다. 그들은 점심을 하면서 앞으로 일
어날 일들, 사업상의 일들을 의논한다. 해결해야 할 일들을 해
결하기 위해 점심 시간을 이용하는 것이다.

만일 어떤 교회에서 부부 생활 세미나를 계획하고 있다면, 그
것을 준비하는 과정에서 남자들은 모여 점심 식사를 하면서 "강
사는 누구로 할 것인가?", "진행은 어떤 식으로 할 것인가?", 그
리고 "안내는 어떻게 할 것인가?" 등에 대해 의논하고, 점심 식
사를 마칠 때는 뭔가 결정을 하고 일어선다.

그렇게 될 때 일반적으로 남자들은 "오늘 점심 식사 참 잘했
다"라고 말한다. 남자들은 식사를 하면서도 성취를 이루어가고
있는 것이다.

그러나 여자들은 그렇지 않다. 대개는 "얘, 너 본 지 오래됐

다. 점심이나 같이하자" 하고 만나서 특별한 주제 없이 대화를 시작한다. 남편과 자녀, 친구 등등 많은 주제를 자유롭게 다루며 대화 그 자체를 즐긴다.

오랜 시간 대화를 나누며 식사를 마친 여자들은 "오늘 점심 식사 참 잘했다"라고 말한다. 여자들은 식사를 하면서 관계를 쌓아가는 것이다.

그런 여자들을 보며 남자들은 '쓸데없이 시간을 죽이며 수다를 떤다'고 생각한다.

만일 탁구를 치고 있다고 하자. 누군가 식사하라고 말하면 대부분의 남자들은 "승부를 가리고 식사하러 가자"고 결정한다. 그들에겐 밥이 좀 식어도 전혀 문제가 되지 않는다. 성취 지향적인 그들은 승부를 먼저 내야 하기 때문이다.

그러나 일반적으로 여자들에게는 게임이 어떻게 진행되고 있는지는 그렇게 중요하지 않다. 게임도 관계를 쌓기 위한 활동이므로 승부가 중요한 것이 아니다. 그래서 여자들은 식사 시간이 되면 '밥 먹으러 가자!" 하며 게임을 중단한다.

게임을 하는 것은 승부를 가리기 위해서가 아니라 관계를 쌓는 과정에 불과하므로 여자들에게는 게임을 하나, 밥을 먹으나 마찬가지이다. 그래서 여자들은 남자들이 보기엔 정말 어처

무엇인가를 해결하거나 어떤 일에 필요한 대화가 아니라고
해서 그것을 수다로 치부하면 안 된다.
이야기를 하면서 관계를 쌓아가는 여자에게는
수다가 반드시 필요한 과정인 것이다.

구니없게도 게임을 중도에 그만두고 밥을 먹으러 가는 것이다.

무엇인가를 해결하기 위해 필요한 대화가 아니라고 해서, 혹은 어떤 일에 대해 의논하는 것이 아니라고 해서 그것을 수다로 치부하면 안 된다. 아니, 수다로 여기더라도 일상에 불필요한 것으로 여겨서는 안 된다. 이야기를 하면서 관계를 쌓아가는 여자에게는 수다가 반드시 필요한 과정인 것이다.

물론 여자들도 정보를 전하고 얻기 위해서 이야기를 하기도 한다. 대부분의 남자들이 이야기를 하는 거의 유일한 이유가 바로 정보 수집과 교환인 것처럼 여자들도 이러한 이유로 이야기를 하는 것이다.

하지만 여자는 그런 이유 말고 자기가 해야 하는 말이 무엇인지, 즉 생각해야 할 것이 무엇인지 알기 위해서도 이야기를 한다. 말을 하는 과정에서 스스로의 생각을 정리하게 되고 무엇인가를 결정하게 되는 것이다.

남자는 대부분 하고자 하는 말을
미리 생각하고 나서 말을 하지만
여자들은 머릿속에 떠오르는 이런저런 생각들을
이야기하면서 생각을 정리한다.

그리고 여자들은 우울하거나 기분이 나쁠 때 이야기를 한다. 여자가 이야기를 하는 가장 큰 이유 중의 하나가 바로 기분 상태를 바꾸기 위해서이다. 속상한 일이 있거나 울적할 때면 그 상태에서 벗어나기 위해 '수다'를 떠는 것이다. 그럴 땐 특별한 이야기의 주제가 없다. 그저 이런저런 이야기를 한다. 혹 자기를 기분 나쁘게 한 일이나 사람에 대해 투덜대기도 한다. 이러한 특성은 남자가 기분이 좋지 않을 때 말을 하지 않는 것과는 분명한 차이가 난다.

그렇게 이야기를 함으로써 여자는 기분을 푸는 것이다. 혹은 기분이 아주 좋을 때도 기쁨을 말로써 터뜨린다.

여자는 관계를 아주 중요하게 생각하고, 시간의 많은 부분을 관계 맺기에 투자하며, 관계를 맺기 위한 가장 적합하고 중요한 수단이 대화라고 생각한다는 사실을 남자는 잊지 말아야 한다.

그런 여자의 속성을 이해하지 않고 아내에게 수다를 떤다고 무안을 주거나 필요한 이야기만 하라고 강요한다면 아내는 자신이 존중받지 못한다고 생각하고 마음을 닫아버리기 쉽다.

심리학자들의 조사에 의하면 남자들은 '성취와 관련하여 좌절했을 때 혹은 능력에 대한 심한 모멸을 당했을 때' 자살 충동을 느끼며, 여자들은 '사랑하는 사람 또는 믿는 사람으로부터 배신을 당했을 때' 자살 충동을 느낀다고 한다.

다시 말하면, 성취 지향적인 남자들은 '성취와 능력'에 문제가 생겼을 때 자살 충동을 느끼고 관계 지향적인 여자들은 '관계'에 문제가 생겼을 때 자살 충동을 느낀다는 것이다.

하물며 자신이 다닐 교회를 정하고 또 교회를 떠날 때도 남녀의 차이는 두드러진다. 남자는 교회를 정할 때 '내가 이 교회의 성장에 기여할 기회가 있는가? 목사님의 말씀은 어떤가?' 등을 중요하게 고려한다. 이에 반해 여자는 '교회가 얼마나 따뜻한가? 교회의 분위기는 어떠한가?' 하는 것들에 좌우된다.

여자들은 "이 교회에는 정이 없어" 하면서 교회를 떠나지만 남자들은 "이 교회에서는 내가 할 일이 없어", "더 이상 배울 것이 없어" 하고 떠난다.

성취 지향적인 남자,
그래서 그들은 인정받기를 좋아한다.
그들이 최고로 생각하는 여자는
자기를 알아주고 인정해주는 여자이다.
관계 지향적인 여자, 그래서 여자들은 관심을 얻고

싫어한다.

　그들이 최고로 생각하는 남자는 자기를 배려해주고 염려해주는 자상한 남자이다.

　남녀의 차이를 인정하고 서로를 인내하는 것, 그것이 성숙한 사랑이다.

마음이 녹는 게 먼저예요

지난해 겨울이었다.

회사 동료들과 부부 동반 모임이 있어 아내와 함께 갔다. 그런데 한참 식사가 진행되고 있는 중에, 아내가 슬며시 자리에서 일어나 밖으로 나가는 것이었다. 난 단순히 화장실에 갔겠거니 하고 대수롭지 않게 생각하며 식사를 계속했다.

그런데 시간이 제법 지났는데도 아내가 돌아오질 않는 것이었다. 이상하기도 하고 걱정도 되어 화장실에 가보았으나 그곳에도 없었다.

정말 걱정이 되었다. 생각 끝에 집으로 전화를 했더니, 아이가 받아서 하는 말이 "엄마는 지금 급한 일이 생겨 외할머니 집으로 간다고, 혹시 아빠한테 전화가 오면 그렇게 말하래요" 하는 게 아닌가.

전화를 끊고 나니 한편으로는 안심이 되었지만 몹시 불쾌하고 화가 나기도 했다.

나는 자리로 돌아가 "아내가 집에 급한 일이 생겨 갔는데, 흥을 깰까 봐 이야기를 하지 못하고 갔습니다. 죄송합니다"라고 말했다.

사람들에게 변명을 하면서 점점 더 화가 났다. 그렇게 엉망이 된 기분으로 모임을 겨우 마치고 집으로 돌아왔다.

내가 집에 돌아온 지 한 시간쯤 뒤에 아내가 나타났다.

"당신은 무슨 사람이 그렇소? 그렇게 말도 없이 나가면 어떻게 해요?"

나는 무척 역정을 내며 큰소리로 아내를 질책했다.

"미안해요. 그러면 안 되는 거였지만 어쩔 수 없었어요."

아내는 내가 역정을 심하게 냈는데도 힘 하나 없이 겨우 대꾸했다. 그 모습이 안되어 보여 난 조금 누그러진 목소리로 물어보았다.

"도대체 무슨 일이었는데 당신 같은 사람이 그런 거요?"

"사실 얼마 전부터 엄마가 아프셨는데, 아까 저녁을 먹으면서 이상하게 걱정이 되길래 전화해봤더니 매우 심해지셨더라고요. 열도 심하고 토하시고 그러신다는 거예요. 동생네도 다 지방으로 내려가고 아무도 집에 없는데, 혼자 움직이지도 못하시고, 그래서 할 수 없이 제가 급히 다녀온 거예요. 동네 병원에 가서 주사도 맞고, 약도 받아오고, 이제 좀 차도가 있으셔서 돌아오는 길이에요."

"여보, 아무리 그래도 그렇지, 나에겐 이야기하고 갔어야 하는 거 아니오?"

화를 낸 뒤라서 한마디 더 나무랐지만, 이미 내 머릿속으로는 상황이 이해되기 시작하면서 마음도 가라앉고 있었다.

"모처럼의 만남인데, 당신까지 알면 당신마저 편히 있지 못할 거 아녜요. 그래서 분위기를 무겁게 만들까 봐 그랬어요. 미안해요, 여보."

아내가 다시 한 번 사과를 하자 안된 마음에 이어서, 아내가 아무리 잘못했지만 버럭 화를 낸 것이 미안하기까지 했다.

난 목소리를 부드럽게 낮추었다.

"알았소. 그런데 어머니는 정말 괜찮으신 거요? 오늘 밤은 혼자 계실 텐데 괜찮으시겠소? 전화라도 다시 한 번 드려보지 그래요."

이미 내 마음은 다 풀려 있었다.

그런 일이 있고 나서 한참 지난 후였다.

교회에서 마련한 어떤 공동체 모임에 갔을 때였다. 한창 모임
이 진행 중이었는데 아내에게 화장실에 잠깐 다녀온다고 말하
고서 자리를 떴다.

화장실에 가고도 싶었지만 지하에 오래 있었더니 머리가 지끈
거려 신선한 공기를 마시기 위해서였다. 그래서 화장실에서 돌
아오는 길에 바람을 쏘이려고 주차장 앞으로 나갔다. 그런데 그
곳에서 얼마 전에 내게 상담을 청했던 한 자매를 만나게 되었다.

그 자매는 나를 보자 무척이나 반가워했다.

"그렇지 않아도 장로님을 뵙고 다시 상담을 하고 싶었는데 하
나님이 이렇게 만나게 해주시네요."

그러면서 함께 이야기하기를 원했다. 모임 중이라며 난색을
표했더니 '몇 분이면 된다'며 간곡하게 부탁하는 거였다. 하는
수 없이 나는 그 자매와 함께 교회 구내의 커피숍으로 갔다. 그
리고 구석자리에 앉아 그 자매의 이야기를 듣기 시작했다.

몇 분이면 된다고 했지만, 막상 이야기를 시작하니 상황이 그
렇게 되지 않았고 도저히 중간에 끊을 수도 없었다. 한 시간이
후딱 지났고, 나는 겨우 그 자매에게 양해를 구하고 다음주에
다시 만나기로 한 후에 급히 모임 장소로 내려갔다.

그런데 모임은 이미 끝나버렸고 그 장소에는 아무도 없었다.

'아이쿠, 또 큰일났구나.'

서둘러 아내를 찾기 시작했지만 아내와는 연락이 닿지 않았다. 핸드폰도 연결되지 않고 집에는 아무도 없었다. 여기저기 돌아다녀도 도저히 찾을 수가 없어 나는 그만 포기하고 주차장으로 와서 차 문을 열었다.

그 순간, 어둠 속에 앉아 있는 아내의 눈과 마주치는 바람에 깜짝 놀랐다.

"아니, 여보. 여기 있었소? 그것도 모르고 내가 얼마나 찾아다녔는데……."

"날 찾아요? 내가 어딜 갔는데요?"

차가운 어투로 아내가 되물었다. 몹시 화가 난 모양이었다. 그럴 법도 하지만 내가 자초지종을 설명하면 이해하리라 생각하고 얼른 설명하기 시작했다.

"사실 어떻게 된 거냐 하면, 화장실에서 나와서 잠시 바람을 쐬려고 주차장 쪽으로 갔는데 그곳에서……."

하지만 내 설명이 이어지는 동안은 물론이고 다 끝난 뒤에도 아내는 일체의 대꾸도 하지 않은 채, 아예 눈을 감고 있었다.

"여보, 이해해요. 내가 그렇게 하고 싶어 그런 것도 아니지 않소? 쓸데없이 이름이 나서 이렇게 바쁘게 만드네……."

그렇게 말하는 순간, 아내가 나를 쳐다보며 쏘아붙였다.

"이해요? 도대체 뭘 이해하라는 거예요? 아니, 화장실 간다는 사람이 한 시간이 넘도록 아무 연락도 없이 나타나지 않아 사람을 이렇게 지치게 만들고 뭘 이해하라는 거예요?"

니는 그때서야 순서가 잘못되었다는 것을 깨달았다. 내가 상황을 아무리 설명해도 아내의 귀에는 들어가지 않았던 것이다. 마음이 닫혀 있었기 때문이다.

'그렇지, 상황을 이해시키는 것이 아니라 먼저 마음을 풀어주어야 해.'

"여보, 정말 미안해요. 걱정 많이 했구려. 내가 'NO' 해야 할 땐 'NO'를 할 줄 아는 사람이 되어야 하는데, 번번이 그 일을 하지 못해 당신을 또 기다리게 했소. 힘들었지? 걱정 끼치고 기다리게 해서 미안해요, 여보. 다음엔 그런 일이 있을 때, 상황을 봐가며 거절해야 할 상황이면 거절하도록 할게."

그렇게 말하곤 난 아내의 어깨를 가볍게 주물렀다.

"자, 이제 우리 집으로 갈까?"

그리고 아내의 얼굴을 바라보는 순간 내내 침묵하고 있던 아내가 입을 열었다.

"여보, 제발 당신 건강을 생각해서라도 'NO' 라고 해야 할 땐 'NO' 할 줄도 아셔야 해요. 제가 오늘 일만 가지고 이러는 게 아니에요. 당신을 찾는 사람이 많다는 건 감사한 일이지만 당신도 가족을 생각하고, 아니 당신 몸도 생각해야 하는 거 아니에요? 난 자기 몸도 돌보지 않고 그렇게 다니는 당신을 보면 미울 때가 있어요. 제발 당신 몸도 좀 챙기고 가족도 좀 생각하세요."

아내의 표정에는 나에 대한 진심 어린 염려가 가득 차 있음이 느껴졌다.

"여보, 정말 미안하오. 이제부터 좀 챙겨보리다. 자, 기도하고 출발합시다."

우리 부부는 손을 꼬옥 잡고 함께 기도한 후, 또다시 새롭게 출발했다.

내가 그때 여자와 남자의 차이를 알고 대처했기 때문에 우리 부부는 더 커질 수 있는 갈등을 금방 잠재울 수 있었다.

남자는 상황을 먼저 이해하면 마음이 풀린다.
하지만 여자는 먼저 마음이 풀려야만 상황을 이해하기 시작한다.

그 차이를 알기 전에는 나 역시 여러 번 아내와 마찰을 일으켰다. 아내의 심리 상태는 고려하지 않고 상황을 설명했는데도 왜 이해하지 못하냐고, 내 쪽에서 더 많이 화를 내기 일쑤였다. 그러면 아내는 아내대로 "내 생각까지 당신 마음대로 조정해야 하느냐?"며 화를 냈다.

남녀의 차이를 아는 길이 남녀간의 대화를 풍성하게 하는 비결이다.

한 자매를 상담한 적이 있는데 굉장히 의기소침해 있었고 몹시 우울한 상태였다.

"전 이해심이 없는 아주 편협한 인간인가봐요. 남편은 툭하면 저보고 이해할 줄 모른다며 뭐라고 해요. 남편이 잘못한 거 같은데 남편이랑 얘기하다보면 만날 저만 잘못한 거처럼 된답니다. 억울하고 화가 나요."

이해심이란 어떤 한 사람에게 그 사람 몫이라고 처음부터 그 크기가 정해져 있는 것이 아니라며, 남편이랑 마음을 열고 대화를 다시 해보라고 했지만 그 자매는 고개를 내저었다.

"그이랑 얘기하기 싫어요. 나도 화가 나는데 나보고만 그저 이해하라는 거예요."

그 자매의 남편은, 어떤 상황이 벌어져서 아내가 남편에게 불

남자는 상황에 대한 설명을 듣고
이해하게 되면 마음이 풀리지만,
여자는 그 상황을 객관적으로 바라보기 전에
자신의 마음이 풀려야 이해가 가능하다는 것을
잊지 말아야 한다.

만을 표시하거나 따지면 아내에게 상황을 이해시켜야겠다는 생각에만 사로잡혀 있을 뿐이지 아내의 마음부터 움직여야 한다는 사실을 모르고 있는 것이다.

"이번에도 그래요. 대학 후배와 그의 네 살 난 딸을 우리 집에 데려온 거예요. 데려온 날에도 아무 연락 없이 쳐들어왔고 저녁부터 벌어진 술판이 새벽까지 이어져 몹시 피곤했지만, 전 군소리 안 하고 뒤처리하고 다 받아주었어요. 아이도 저녁 잘 먹여서 재우고요. 그런데 남편이 하는 말이, 그 아이를 며칠간 우리 집에서 데리고 있기로 했다는 겁니다. 저랑 한마디 상의도 없이 말이에요."

아내는 그럴 수 없다고 화를 냈고, 남편은 그럴 수밖에 없는 후배의 사정을 설명한 모양이었다. 후배의 아내가 사라졌는데 아이를 맡길 만한 곳이 없다는 거였다.

"상황을 들어보면 납득이 되잖아? 내가 이럴 수밖에 없다는 걸 모르겠어? 당신 그렇게 차가운 사람이었어? 세상 살아가는 데 사람이 잃어버리면 안 되는 게 의리고 정 아냐? 우리도 애를 키우잖아. 당신이 이럴 줄 몰랐어."

설명을 해도 아내가 그럴 수 없다며 마음을 돌리지 않자 남편은 화를 내며 아내를 나무랐다.

그 남편은 아내의 마음이 닫혀버렸다는 사실을 망각한 채 일반적인 가치 기준만을 들먹이며 자신의 결정을 이해해야 한다고 주장했으며, 그 주장을 받아들이지 못한다고 아내를 이해심 없는 사람으로 몰아붙였던 것이다.

만약 그 남편이 자기가 연락도 없이 집으로 손님을 데려온 것에 대해, 그리고 늦게까지 고생시킨 것에 대해 사과하고 진심으로 고마움을 표현했다면, 그러고 난 후 그럴 수밖에 없는 상황을 설명하며 아내에게 어떻게 하면 좋겠냐고 의견을 물었다면 상황은 달라졌을지도 모른다. 아니 달라졌을 것이다. 여자는 남자보다 아이에 대한 정이 깊으니까 말이다.

아내는 남편과 의견이 다를 때 감정에 호소하는 편이다. 그리고 아내 역시 남편이 그렇게 설득해올 때 마음이 움직이는 편이다. 남편이 그런 정서적 배려 없이 무조건 이치만 따져서 자기가 옳음을 주장하면 더욱 반발하게 된다. 왜냐하면 남편이 옳고 그름을 따지며 이해를 강요할 때면 자신이 부족한 여자처럼 느껴지기 때문이다. 또 남편이 자신의 입장은 전혀 고려하지 않는 것 같아서 더욱 화가 나게 된다.

　남자는 상황에 대한 설명을 듣고 이해하게 되면 마음이 풀리지만, 여자는 그 상황을 객관적으로 바라보기 전에 자신의 마음이 풀려야 이해가 가능하다는 것을 잊지 말아야 한다.

아직 삐쳐 있어요

오래전의 일이었다.

그 전날의 늦은 귀가로 인해 늦잠을 자서 허겁지겁 아침 식사를 마치고 출근을 서두르는 나에게 아내가 한마디 던졌다.

"당신은 늦게 오게 되면 연락 좀 하면 어디가 덧나요?"

전날, 아무 연락 없이 늦은 것이 화근이었다. 내가 잘한 건 아니지만 아침부터 잔소리를 듣는다고 생각하니 기분이 좋지 않았다.

"모처럼 친구들과 만나 얘기 좀 하다 늦은 걸 가지고 뭘 그래요? 이야기하다 보니, 전화할 타이밍도 놓치고 그래서 그런 거요. 당신이 이해해요."

"당신은 항상 그런 식이군요. 당신이 잘못해도 무조건 나만 이해해야 하는 거예요? 당신이 언제 늦으면 늦는다고 전화 한 번 제대로 해준 적이 있어요?"

아내는 본격적으로 따지고 들었다.

"아니, 내가 언제 항상 그랬단 말이오? 전화 한 번 안 한 것을 가지고 뭘 그렇게 난리요?"

"당신이 날 그런 식으로 무시하니 애들도 나를 무시하는 거 아니에요?"

이제 우리 부부는 본격적인 싸움 수준으로 접어들었다.

"언제 내가 당신을 무시했다고 이러는 거요? 이거 출근하는 사람 붙잡고 아침부터 왜 이래요?"

나는 그렇게 내뱉고는 아파트 문을 제법 세게 쾅 닫고 밖으로 나와버렸다.

차를 몰고가면서 처음엔 '뭐 그 정도의 일을 가지고 아침부터 바가지를 긁고 그래' 라고 생각하면서 기분이 나빴다. 그러나 막상 회사에 들어가서는 회의를 주재하랴, 결제하랴, 정신 없이 지내다 보니 아침의 일은 까맣게 잊어버렸다.

그날은 여러 거래처 사람들과의 상담 결과도 좋아 아주 흡족한 마음으로 발걸음도 가볍게 집으로 돌아왔다. 아침의 일은 이미 나의 뇌리에서 완전히 지워져 있었다.

아파트 문을 들어서면서 나는 "여보, 다녀왔소!" 하며 평소보다 더 크고, 더 쾌활한 목소리로 아내에게 인사를 건넸다.

그러나 저녁을 준비하다 말고 마중 나온 아내에게선 평소와는 달리 침착하다 못해 냉랭한 기운이 느껴졌다.

"왔어요? 어서 씻고 식사하세요"라고 하는 아내의 얼굴은 무표정이었고 찬바람이 이는 듯했다. 나와는 시선도 마주치지 않았다.

나는 옷을 갈아입기 위해 방 안으로 들어서면서 '저 사람이 도대체 왜 저러지?' 하며 이것저것 생각을 해보았다.

'낮에 친구들과 만나 무슨 스트레스받는 이야길 들었나? 아니면 몸이 아픈가? 아니면 애들 중 누가 또 엉뚱한 짓을 했나?'

나는 고개를 갸웃거리며 이런저런 생각을 하면서 식탁 쪽으로 갔다. 아내는 내가 다가가도 내 쪽으로는 고개를 돌리지도 않았고 "앉으세요" 하고 상냥하게 말하지도 않았다. 역시 무슨 일이 있는 게 분명했다.

아내의 표정을 이리저리 살피며 나는 가만히 물었다.

"여보, 당신 오늘 기분 나쁜 일이 있었소?"

"아니, 아무 일도 없었어요!"

하지만 아내의 말투에도 어김없이 냉기가 돌고 있었다.

"아무 일도 없는 게 아닌 거 같은데. 혹시 애들이 애 먹였소?"

그러면서 나는 아내의 어깨를 감싸안고 가볍게 포옹을 했다. 그 순간 아내가 몸을 홱 빼며 "왜 이래요? 식사나 하세요!"라고 말하면서 나를 밀어내는 것이었다.

그때였다. 내 머릿속을 전광석화같이 스치는 장면이 있었다. 바로 아침의 사건이었다.

'아, 바로 그것이구나. 하지만 설마 아침의 그 일을 가지고 아직도? 아니겠지.'

아침 일을 떠올리기는 했지만 아내가 그 일로 아직 꽁해 있다는 것이 믿어지지가 않았다. 그러나 다른 일은 짐작 가는 것이 없었다.

"여보, 아침 일로 아직도 삐쳤소?"

"누가 삐쳤대요. 나도 이제 당신 때문에 마음 쓰고 속상해하고 걱정하고 그런 거 안 할 거예요. 당신이라는 사람, 이제는 좀 알 것 같아요. 어떻게 그렇게 하고 나갔으면서 전화 한 통 안 할 수 있어요?"

역시 아내의 찬바람은 아침부터 불어오고 있는 것이었다. 하지만 확인을 하고서도 사실 이해가 되지는 않았다.

'아침의 일을 아직도 품고 있단 말인가. 역시 그랬구나.'

"여보, 내가 잘못했소."

말은 그렇게 했지만, 솔직히 이해가 잘 가지 않았다. 하지만 아내의 얼어붙은 마음을 우선 풀어주어야겠다고 생각하고 사과를 했다.

"여보, 내가 잘못했소. 기분 풀어요. 당신 말대로 내가 걱정을 끼쳤소. 괜히 미안하니까 소리 지른 모양이오. 이제는 전화를 꼭 하리다."

여전히 아내의 행동이 이해가 안 갔지만, 그러면서도 아내의 비위를 맞추어야 했던 정말 진땀 나는 저녁 시간이었다.

무엇이 문제였을까? 이 역시 남녀의 차이 때문이다.
남자는 분절적이며 여자는 연계적이다.
어떤 사건이 일어나면,
남자는 사건별로 이해를 하고 결론을 내린다.
그러나 여자는 한 사건을 다른 사건과
연계해서 생각하고 결론을 내리며 대응한다.

아침에 다투고 문을 세게 닫고 나간 남편은 하루 종일 바깥 세상 속에서 살며 다 잊어버리고, 그 사건은 그 사건 나름대로 정리를 해버린다. 그러나 아내의 경우, 먼저 일어난 사건이 그대로 연계되어 다음의 사건 대응에도 영향을 미친다. 그래서 내가 아내를 안았을 때, 아내는 노골적으로 거부의 의사를 표명했던 것이다.

'아침에 날 무시하고 문 쾅 닫고 나갈 때는 언제고, 지금 또 안 아주는 건 뭐냐?' 하고 두 사건을 연계시켰던 것이다. 그러나 나에게 있어서 '아침 사건은 아침의 일이고, 저녁은 또 저녁의 다른 일'일 뿐이었다.

많은 부부들이 이런 경우를 겪었을 것이다.

싸우고 난 뒤, 아내는 아직 그 일을 가슴에 품고 있는데 남편은 그런 일이 있었냐는 듯이 굴 때, 아내는 남편이 싫어진다.

부부 싸움을 한 다음날, 아내는 한숨도 못 잤는데 남편은 마치 아무 일도 없었던 듯이 아침에 "국이 짜네", "오늘 늦을 거야", "날씨가 춥나?"라고 천연덕스럽게 말한다. 아침에 화를 내고 나가고서도 낮에 전화를 걸어 그에 대한 말은 일언반구도 없이 "오늘 모임 있는 거 알지? 늦지 말고 나와" 혹은 "친구들이랑 집에 갈 거야", "주민등록등본이 필요하니 한 통만 떼어놔" 하는 것이다.

그러면 아내들은 그렇게 남편이 미울 수가 없고 정말 그 순간

만은 온갖 정이 떨어진다고 한다.

언젠가 회사 직원이 회사 건물 앞에서 아내를 만나 무엇인가를 건네받는 모습을 보았는데, 그 아내가 돌아서 울면서 가는 것이었다. 그래서 그 직원을 불러 물어보았더니 필요한 서류를 집에 두고 와서 갖다달라고 했단다.

남편이 서류를 갖다달라는 게 억울해서 우는 아내가 어디 있겠는가 싶어 그 부부를 저녁 식사에 초대했다.

직원이 가정적으로 편안해야 일도 잘하는 법이다.

이야기를 들어보니 지난밤에 크게 싸웠는데 남편이 그에 대해 사과나 어떤 위로의 말 한마디 없이 서류를 갖다달라고 한 것이다.

그 부부가 싸운 까닭은 어찌 보면 사소한 일이었지만 아내로선 자존심이 걸린 문제였다.

"제 말을 제대로 들어준 적이 없어요. 양말을 바로 벗어서 세탁물통에 넣어달라고 해도, 읽은 책이나 신문을 아무 곳에나 두지 말라고 해도 늘 그래요."

결정적인 것은 아내가 수요일과 금요일마다 학원 파트타임 강사로 일하는데, 그때만큼은 일찍 들어와서 아이와 있어달라고 부탁했는데 직원이 그 약속을 잘 지키지 못한 모양이었다. 그래서 그 부부는 서로의 마음에 상처를 내는 말을 하면서 크게 싸웠는데 아침에 일어나서도, 회사에 나가서도, 남편은 아내의 마음을 달래주는 말 한마디 없었던 것이다.

"제 말을 이웃집 강아지 소리쯤으로 여기는 이이가 정말 싫어요. 제 감정이나 요구를 중요하게 여기지 않으니 절 소중하게 생각하지 않는 것 같아요. 제가 이 사람한테 뭘까 하는 생각이 들어요. 하찮은 존재인가보다 하는 자괴감이 들면서요."

여자는 남자가 자신을 소중하게 여기고 있다는 느낌을 받고 싶어한다. 그러나 자신의 요구가 번번이 받아들여지지 않으면 자신이 무시당하고 있다고 느끼는 것이다.

"얘기하는 것도 한두 번이지 자꾸 말하면 바가지 긁는 아내가 되는 것 같아 자존심 상해요. 실제로 이이는 제게 잔소리 좀 그만하고 바가지 좀 긁지 말라고 하죠. 그런 말을 들을 때마다 제가 그의 관심을 구걸하고 있다는 생각도 들고요."

결국 그런 것이 쌓여 싸움으로 이어졌고, 그 싸움이 지난 뒤 아내는 깊은 상처를 받았는데 남편은 아무 일도 없었다는 듯이 서류를 갖다달라고 했으니 울 만도 했다.

그가 아내의 마음을 먼저 헤아려주고 싸운 일에 대해, 자신의 감정 상태를 떠나 사과하고 다시 잘해보자고 애정 어린 제안부터 했다면, 아내는 그래도 자신이 아직은 필요한 존재라 느끼며 서류를 기꺼이 갖다주었을 것이다.

남자는 사건을 하나하나 따로 취급하지만
여자는 그 사건을
다른 사건에 연계시킨다는 사실을 알아두어야 한다.
남녀간의 차이를 알고,
상대방의 마음을 읽고 먼저 배려해주는 것,
그것이 부부간에 필요한 성숙한 사랑이다.

내가 어렸을 때에는 말하는 것이 어린아이와 같고 깨닫는 것이 어린아이와 같고 생각하는 것이 어린아이와 같다가, 장성한 사람이 되어서는 어린아이의 일을 버렸노라. (고린도전서 13:11)

2장 남자 대탐험

다른 사람에게만 친절맨

아버지 학교 운동본부 상담 게시판에 다음과 같은 글이 올라왔다.

제 남편은 사람들에게 아주 친절합니다. 누가 부탁을 하면 거절할 때가 없습니다.

일전에는 약간 안면이 있는 앞집 아기 엄마가 자기 집에 바퀴벌레가 많다며 잡아달라고 하자 정말 열심히 잡아주었답니다.

하지만 제가 그런 부탁을 하면 "그건 니가 해"라고 말합니다.

성격이 남한테는 잘 보이고 싶어서 그러려니 하고 넘기려다가도 부인인 저한테는 막 하면서, 다른 사람에게는 너무 잘하는 것을 보면 화가 나서 다툽니다.

어떻게 할까요?

참 기가 막힐 일일 것이다.

다른 사람들에게는 늘 친절한 남편, 다른 사람에게는 "아니오" 하지 못하고 부탁을 다 들어주면서, 막상 가장 소중한 사람인 아내에게는 불친절, 아니 무심하고, 부탁을 거절하길 밥먹듯 하는 남편…… 이런 남편의 아내는 정말 가슴이 무너지고 새까맣게 타 들어갈 것이다.

이렇게 아내에게는 무심하고 세상 다른 여자들에게는 친절한 남편도 문제지만, 이것이 성격의 차이인 줄 알고 못살겠다고 하소연하는 아내들이 의외로 많다는 것도 문제다.

이것은 성격의 차이가 아니다.
잘못된 한국의 남성 문화, 즉 체면 문화의
잘못된 영향력이다.

체면 문화는 남을 존중하고 남을 인정해주는 문화가 아니라,

남 때문에 조정되어지고 남을 의식하는 문화,

남이 나를 뭐라고 생각할까 늘 신경을 곤두세우고,

그래서 늘 자기 가족보다 남을 먼저 생각하는 문화다.

어떻게 보면 남을 우선 배려한다는 그럴듯한 구실이 있지만, 문제는 그런 친절을 아내나 가족한테는 절대 베풀지 않는다는 데 있다.

어느 자매가 이런 종류의 호소를 아버지 학교 게시판에 보내 왔다.

남한테 늘 필요 이상으로 잘하는 사람이니 그러려니 하지만 어제 일은 정말 화가 났어요. 차 산 지가 4년 가까이 되었는데 남편은 아내인 저를 위해 자리 한번 마련해준 적이 없었어요. 항상 운전석 자리는 아들이 차지했고, 어쩌다 둘이 탈 때도 항상 보지도 않는 책만 수북이 쌓아놓고……. 그러나 다른 사람이 자기 차를 타려고 하면 잽싸게 치워줘요.

지난번 모임 때에는 그이의 첫사랑 여자가 굳이 우리 차를 타겠 대요. 우리 남편, 100미터 5초도 안 될 속도로 눈썹을 휘날리며 날 아가더니 그 많은 짐들을 깨끗이 치우고선 마나님 모시듯 자리 마련 해주데요.

전 그때 피가 거꾸로 솟구쳐 달려오는 차에 뛰어들고픈 마음이었 어요.

그런데 남편은 뭐라는 줄 아세요? 남이니까 배려한다나요…….

그 자매는 얼마나 가슴이 아팠을까?

이 같은 상황은 하루빨리 청산되어야 할 잘못된 체면 문화의 한 대목이다. 자기 가족은 등한시하고 남을 배려하는 문화, 그래서 아내들의 가슴을 갈기갈기 찢어놓는 남편들이 아직도 얼마나 많은지 모른다.

아내는 남편이 세상 다른 사람들에게는 좀 냉정하다는 소리를 듣더라도, 자신만큼은 자상하게 배려해주었으면 하는데 남편들은 그렇질 못하다.

나는 해외 여행을 자주 하는 편인데, 비행기 화장실에 가면 거울 밑에 다음과 같은 글귀가 쓰여 있다.

'다음 손님을 위해 물기를 닦아주세요.'

나는 세면을 한 후에 정말 열심히 물기를 닦는다. 어떨 때는 내 앞사람이 어질러놓고 간 휴지 조각이나 거울에 낀 때와 바닥의 물기까지 깨끗하게 청소한다.

'그럼 남을 배려해야지' 하며 아무리 피곤해도 그 일을 거른 적이 없다. 그리고 나처럼 깨끗이 정리하지 않는 사람들을 경멸했다.

이 같은 상황은 하루빨리 청산되어야 할

잘못된 체면 문화의 한 대목이다.

자기 가족은 등한시하고

남을 배려하는 문화.

그래서 아내들의 가슴을 갈기갈기 찢어놓는

남편들이 아직도 얼마나 많은지 모른다.

그 남자가 원하는 여자, 그 여자가 원하는 남자

'뭐 저렇게 형편없는 사람들이 있어? 기본이 안 된 사람들이구면.'

그러나 막상 집에 오면 문제가 달라진다.

아내와 함께 화장실을 사용하지만 아내를 의식해서 배려해본 적이 거의 없다. 문득 그런 나의 모습을 발견하곤 스스로도 깜짝 놀랐다. 세면대 위의 물이며 거울에 튄 비누 거품, 제대로 닫지 않은 치약 뚜껑, 흩어진 머리카락 등등이 신경쓰여도 바쁘다는 핑계로 그냥 나오기 일쑤였다.

'전혀 모르는 남보다 더 대접을 받지 못하는 아내'가 의외로 많다. 남편들의 마음속에는 '내 마누라니까' 하고 너무 가볍게 대하는 습관이 배어 있는 것 같다.

가족들하고 밥 먹다 말고 친구가 전화하면 벌떡 일어나 나가버리는 남편이나 아버지들, 그들은 친구들한테는 인기가 좋을지 몰라도 가족들에게는 깊은 상처를 남길 것이다.

어느 지방의 부목사님이 이런 고백을 하셨다.

"어느 날 너무 피곤해 쉬려고 집에 조금 일찍 돌아왔지요. 반가운 마음에 놀아달라는 아들의 말은 아예 못 들은 척하고, 아내에게 딱 세 마디를 했습니다. '아, 피곤해. 밥 줘. 내일 일찍 깨워줘.' 그러고는 밥 먹은 뒤 잠을 청하는데 청년부 소속의 형제에게 전화가 왔습니다. 나는 벌떡 일어나 '나 나갔다 올게' 하고 나갔지요. 현관문을 열고 나가면서 문득 뒤를 돌아다보았을 때, 저를 바라보던 아내와 아이들의 어두운 표정이 기억납니다."

이것이 바로 체면 문화의 잔재이다.

내가 사랑하는 사람들, 우리 가족들의 마음을 아프게 하는 이런 체면 문화는 깨야 하지 않을까.

세상 모든 사람들에게 친절한 것은 좋은 것이다.

그러나 우리 가족들에게 더욱 친절할 때, 그 친절은 빛이 난다.

세상 모든 사람들을 배려하는 것은 좋은 것이다.

그러나 우리 가족들을 더욱 배려할 때, 그 배려는 아름다운 향기를 낼 수 있다.

시각적인 남편

"당신, 왜 또 한눈을 팔아요?"

어느 날 명동을 지나가다가 늘씬한 아가씨가 우리 부부 앞을 지나가자 아내가 내 옆구리를 쿡 찌르며 한 말이다.

내 아내는 키가 작고 아담한 편이다. 그래서인지 키가 크고 늘씬한 여자들에 대한 열등감이 조금 있다.

여자들은 누구나 자기 외모에 대해서 조금은 열등의식이 있다고 한다. 그래서 자기보다 외모가 아름답다고 생각되는 여자한테 남편이 눈길을 주면, 초라함을 느끼게 되고 '남편이 한눈을 판다'고 생각하여 속상해한다.

그때는 내가 장로가 된 후였는데, 길을 가다가 미모의 아가씨를 보자 나도 모르게 그만 눈동자가 돌아갔던 모양이었다.

"장로님, 아직도 그 버릇 못 고치셨어요?"라고 빈정대는 아내의 말에 가슴이 찔렸지만 일부러 태연한 척 농담으로 받아치면서 적당히 넘어갔다.

"그래도 옛날에는 온몸이 다 돌아갔는데 이젠 목도 아니고, 눈동자만 돌아가는데 뭘 그걸 가지고 그래요. 그만큼 성숙했다는 증거니 봐주시오. 이제 곧 눈도 안 돌아갈 거요."

"참내, 어지간히 성숙하셨습니다."

아내도 기가 막히는지 웃으며 믿지 않게 눈을 흘겼다.

"그리고 말이오, 여보. 아름다운 여자가 지나가는데 눈동자 안 돌아가는 남자 있으면 나와보라고 그래요. 그 사람은 성인군자든지, 아니면 남자로서 무슨 문제가 있든지 둘 중의 하나일 테니."

아내의 반응에 겸연쩍은 기분이 사라진 난 오히려 그렇게 큰소리를 쳤다.

사실 그럴 생각도 없었는데 나도 모르게 그 아름다운 여자를 바라본 것이다. 별 뜻도 없는 행동이었다.

내가 특별히 엉큼해서 그런 것이 아니다.
남자는 본래 시각 지향적인 존재이기 때문이다.

그래서 배우자를 선택할 때도 중요한 기준이 되는 것이 여자의 외모다.

남자가 중요시 여기는 배우자의 선택 조건은 대개 첫째 성격, 둘째 외모라고 하며, 여자가 중요시 여기는 배우자의 선택 조건은 첫째 성격, 둘째는 장래성(교육 정도)이라고 한다.

세계적으로 뛰어난 디자이너들 중 남자가 많은 것도 남자가 시각 지향적인 존재이기 때문이다.

남자는 또 후각 지향적인 존재이다. 그래서 만들어지고 발달되는 것이 향수이다.

이에 비해 여자는 청각 지향적이며, 촉각 지향적인 존재이다. 청각 지향적인 존재이므로 끊임없이 듣기를 원하는 말들이 있다. 청각 지향적이기 때문에 마음을 따뜻하게 하는 말들을 듣고 싶어하고 그런 말을 들으면 기뻐하고 자신에 대한 확신을 가지게 된다.

"사랑해. 아무리 봐도 내게 당신 이상은 없어."

"당신이 뭐가 뚱뚱해? 당신이 이 세상에서 제일 예뻐."

"당신을 만난 게 내 인생 최고의 행운이야. 아마 천국에 천사가 한 명 사라졌을 거야. 당신이 이렇게 지상으로 내려와버렸으니 말이야."

"당신만한 여자 있으면 나와보라고 해."

그런 말들을 들으며 여자는 행복해하고 삶의 활력을 얻는다. 뻔한 거짓말인 줄 알면서도 들으면 기분 좋아지는 말들이다.

어느 경상도 청년이 서울 출신의 자매와 결혼식을 하고, 첫날밤에 아내에게 이렇게 이야기했다고 한다.

"나는 사나이 중의 사나이 경상도 사나이야. 남아일언중천금, 진짜 사나이는 한 번 한 이야기는 다시는 안 해. 잘 들어. 난 자기를 이 세상에서 제일 사랑해. 하지만 또다시 이 말을 하지는 않을 거야. 당신을 사랑하지만 말이야."

다시는 사랑한다는 말을 하지 않겠다는 이 어처구니없는 폭탄 선언을 듣고, 새색시는 가슴이 철렁했지만 이내 웃으며 이렇게 말했다.

"자기야, 난 연애할 때 자기한테 고백하지 못한 큰 병이 있어. 무슨 병이냐 하면, 무슨 말을 들으면 금방 잊어버리는 심한 건망증이야. 그러니까 자기가 지금 한 말 매일매일 해주어야 해. 알았지?"

무뚝뚝한 경상도 사나이도 그 말에 웃지 않을 수가 없었고, 진짜 사나이(?)를 포기하고 이 애교 만점짜리 아내에게 사랑한다는 말을 자주 했다고 한다.

이 아내만 건망증이 아니라 세상 모든 여자가 이런 면에 있어서는 심한 건망증 환자임을 알아야 한다. 그러므로 끊임없이 사랑한다고 속삭여주어야 한다.

하나님이 우리 인간에게 "난 너를 사랑한다. 너는 내 것이다. 너는 보배롭고 존귀한 자다"라고 끊임없이 말씀하셨듯이,

우리는 사랑하는 사람에게 끊임없이 사랑을 고백해야 하는 것이다.

특히 여자들에게는 이 말이 절대적이다.

그런데 많은 남자들이 쑥스럽다는 이유로, 굳이 말로 표현해야 아느냐며 사랑을 고백하지 않는다.

나는 목사님들 중에 이런 고백을 하지 않는 분이 의외로 많다는 것을 목회자 부부 세미나를 하며 알게 되었다.

어느 부부 생활 세미나에서 예순이 훨씬 넘으신 사모님이, 목사님께서 "여보, 사랑해요"라고 고백하자 계속 우시던 모습을 아직도 잊을 수가 없다.

"결혼한 지 30여 년 만에 처음 들어보는 고백이에요" 하며 남

들이 보든 말든 부끄러워하지 않으시고 우셨다. 그 사모님의 눈물에서 남자들은 많은 것을 깨달아야 한다.

또한 여자는 촉각 지향적이다.

단순히 "사랑해", "미안해", "고마워"라고 말만 하는 것이 아니라 어깨를 감싸주거나 손을 꼬옥 잡고 말하는 것이 더욱 효과적이다. 자주자주 아내를 꼬옥 안아준다면 아내에게 사랑을 확인시키며 깊은 안정감을 주는 데 최고의 선물이 될 것이다.

실제로 여자는 촉감을 통해 오히려 성적인 만족을 더 많이 얻는다고 한다. 침실에서 얻는 성적인 만족은 20%밖에 되지 않으며 나머지 80%는 촉감을 통해서 얻는다.

중년에 접어들면 한 번쯤 방황을 하는 여자들, 그들은 어쩌면 잃어버린 80%를 찾아 헤매는지도 모르겠다.

미국의 심리학자에 의하면 가출 소녀의 90%가 접촉 결핍증 환자라고 한다.

여자는 청각 지향적, 촉각 지향적이므로 언어의 폭력이나 육체적 폭력이 가해지면 돌이킬 수 없는 상처를 받게 된다. 그리고 그러한 폭력의 심각성은, 당사자들에게서 그치는 것이 아니라 학습되어지고 70% 이상이 대물림을 한다는 데 있다.

그러므로 언어의 폭력이나 육체적 폭력은 두 사람의 건전하

단순히 "사랑해", "미안해", "고마워"

라고 말만 하는 것이 아니라

어깨를 감싸주거나

손을 꼬옥 잡고 말하는 것이 더욱 효과적이다.

자주자주 아내를 꼬옥 안아준다면

아내에게 사랑을 확인시키며

깊은 안정감을 주는 데 최고의 선물이 될 것이다.

고 행복한 가정 생활을 위해 추방해야 할 나쁜 습관이지만, 후
손을 위해서도 절대적으로 추방해야만 한다.

사랑은 오래 참는 것이다.
서로 다른 것을 다르다고 인정하며 용납할 때 변화
가 있고 성숙이 있다.

남자는 독립투사

"장로님, 남자는 왜 그래요?"

어느 날 젊은 자매가 내게 물었다.

신세대 부부인 자매와 그 남편은 발랄하고 어디서나 애정 표현에 적극적이어서 중년 부인들의 부러움을 받고 있던 커플이었다. 그런데 신세대 아내의 입에서도 "남자는 왜 그래요?"라는 말이 나오는 모양이었다.

"왜요? 신랑이 어땠는데요?"

"어제 저녁에 말이에요, 남편하고 함께 백화점 주차장에 들어갔는데 왼쪽에 빈자리가 있길래 '자기야, 저기 빈자리 있어!' 했더니, 흘긋 그쪽을 한 번 쳐다보더니 오른쪽으로 방향을 휙 트는 거 아니겠어요? 그래서 제가 '아니, 자기야. 저기 왼쪽이

비었다고 내가 얘기했잖아? 그런데 왜 오른쪽으로 가?' 하고 물었어요. 그러자 남편이 '나도 눈 있어' 하면서 그냥 오른쪽에다 주차하고 나가는 거예요. 그 순간 저는 '뭐 저런 사람이 다 있나' 하는 생각이 들더라고요. 도대체 왜 그러는 거예요? 청개구리도 아니고 기껏 알려주었더니 딴 곳으로 가……. 어차피 주차할 거 내가 말한 곳에 주차하면 되잖아요."

아직도 분이 안 풀린 듯 그 자매는 씩씩거렸다. 그 모습이 귀여워 나는 웃으며 말했다.

"뭘요? 자매님은 분명히 남자 중의 남자하고 결혼했네요."

그랬다. 아무리 신세대라지만 그 남편 역시 남자의 속성을 가지고 있었던 것이다.

2년 전 일이었다.

서천에 있는 한 교회에 아내와 함께 강의를 하러 간 적이 있었다. 초행길이라 시간을 넉넉히 두고 출발했다. 그런데 자세한 안내를 듣고 출발했는데도 서천 근처에서 헤매기 시작했다.

"여보, 우리 제대로 가고 있는 거예요? 차를 좀 세우고 물어보고 가면 어때요?"

아내가 옆에서 계속 그렇게 말했지만 나는 "아니, 표지판 보고 가면 되지, 뭘 물어봐요?" 하며 계속 달렸다.

그러나 난 길을 찾지 못하고 계속 이리저리 헤맸다. 결국 아내는 안 되겠다 싶었는지 단호하게 말했다.

"차를 세워요. 내가 물어볼 테니까."

아내는 밖에 나가 길을 묻고 돌아와서는 "지금 우리 잘못 가고 있대요. 다시 돌아가요. 진작 좀 물어봤으면 이런 일이 없었을 텐데. 도대체 당신은 왜 그러세요?" 하고 볼멘소리를 했다.

나는 아무 대꾸도 못하고 계속 차를 몰았는데 그야말로 진땀이 났다.

그날 우리는 3시간 반이면 간다는 길을 5시간이나 걸려 도착했다.

왜 이런 일이 벌어질까?

남자는 충고받는 것을 싫어한다.

왜냐하면 남자는 인정받고 싶고 신뢰받기를 원하기 때문이다.

여자가 관심을 받고 도움받기를 원하는 것과는 다르다.

여자는 "여보, 괜찮겠어? 할 수 있겠어? 힘들지?"

라고 걱정해주면,

자신이 사랑받고 있으며 공감을 얻었다고 생각한다.

하지만 남자는 그렇게 하면
아내가 자신을 믿지 못하는 것 같아 기분 나빠한다.

남자는 도움받는 것을 자신을 무시하고 동정하기 때문이라고 생각한다. 그리고 그런 느낌을 무척 싫어한다. 그래서 여자의 조언이나 도움을 거절하는 것이다. 남자는 항상 여자 앞에서 혼자 힘으로 해내는 모습을 보여주고 싶어한다.

인간에게는 누구나 사랑의 그릇이 있다. 그 사랑의 그릇을 채우고, 그 그릇에 넘치는 사랑을 이웃에게 베풀 때 삶의 보람을 느끼며 살아가는 것이다.

인간은 사랑을 받고 사랑을 주기 위해 태어난 존재이다. 어느 누군가에게 사랑받고 있다는 믿음이 없으면 살 수 없는 존재이다. 특히 남녀의 사랑은 서로에게 힘을 주고 살맛 나게 하는 묘약이다.

그러나 문제는 서로 사랑을
느끼는 언어가 다르다는 데 있다.

남편이 아내를 분명히 사랑하고 있는데

아내는 사랑을 느끼지 못하고,
아내가 남편을 분명히 사랑하고 있는데
남편은 사랑을 느끼지 못한다.
이는 사랑을 느끼고 그 사랑을 표현하는 언어가 다르기 때문이다. 남자에게는 인정과 신뢰, 칭찬이 사랑의 언어이며 이를 통해 사랑을 느낀다.
여자에게는 염려와 관심, 배려가 사랑의 언어이며 이를 통해 사랑을 느낀다.

주차장에 들어섰을 때 먼저 빈자리를 보고 얘기해주는 사람은 대개 아내다. 왜냐하면 이런 표현이 바로 아내에게는 사랑의 언어이기 때문이다.

관심과 배려가 사랑의 언어이기 때문에 아내는 "여보, 저기 빈자리가 있네요" 하고 조언 혹은 충고해주는 것이다.

그러나 인정과 신뢰가 사랑의 언어인 남편에게는 그것이 자존심을 상하게 하는 말이 된다. 자신을 믿지 못하고 능력을 무시한다는 생각이 들기 때문에 "나도 눈 있어"라고 퉁명스런 대답을 하는 것이다.

초행길에서 헤맬 때 아내는 "여보, 길을 물어보는 게 어때요?" 하고 나를 염려해서 도와주려 했지만, 나는 아내 앞에서 길을 물어보는 것은 내 능력에 대한 평가 절하라고 생각하고 씩씩대며 엉뚱한 길로 간 것이다.

염려와 관심과 배려가 사랑의 언어인 아내는 '내 남편 내가 안 고쳐주면 누가 하나, 내 남편 내가 안 도와주면 누가 하나' 라는 사명감을 갖고 남편을 위해 끊임없이 지적하고 조언한다.

그런데 그럴수록 남편은 아내가 자신을 무시하기 때문에 비판하고 잔소리를 늘어놓는다고 생각하게 되고 그의 사랑의 그릇은 텅 비어버리고 만다.

반면에 여자의 사랑의 언어는 염려와 관심과 배려이기 때문에 자상한 남편을 좋아한다. 자상하게 염려하고 관심을 가져주고 사랑을 표현해주는 남편을 원하는 것이다.

"여보, 오늘 참 수고했어. 힘들었지? 내가 좀 거들어줄까?" 아내가 힘들어하는 부분을 이해하고 거들어주는 남편, 그 사랑의 언어를 들을 때 아내의 사랑 그릇은 가득 찬다.

하지만 남편은 아내와 달리 거들어주는 대신 잘한다고 인정해줄 때, 잘할 것이라고 믿을 때 사랑을 느낀다. 남자는 자기를 인정해주는 사람한테 목숨을 건다는 말도 있다. 주차장에 들어갔을 때 빈 주차 공간을 찾아 주차하는 남편에게 "당신 운전 솜

씨 정말 끝내줘요. 주차를 어떻게 그리 잘해요?" 하고 한마디 해주는 것, 그것이 남편의 사랑의 그릇을 채우는 비밀이다.

우리는 사랑해야 한다.
그러나 내 방식대로 하는 것이 아니라, 상대방이 원하는 방식대로 하는 것이 진짜 사랑이자 성숙한 사랑이다.

지난 여름 어느 주일날, 목사님께서 강론을 하시면서 그때 한참 유행이던 드라마를 소재로 꺼내신 적이 있었다. 그런데 평소에 잘 알고 지내던 한 자매가 "전 드라마 못 봅니다. 텔레비전이 고장나서⋯⋯"라고 말하자 그때 옆에 앉은 남편의 표정이 심상치 않았다.

나중에 아내에게 말해서 사연을 알아보았더니 텔레비전 때문에 부부가 싸움을 하고서 냉전 중이었던 것이다.

"텔레비전이 고장나서 서비스를 신청하려는데 그이가 고치겠다는 거예요. 할 수 있느냐고 물었더니 그까짓 거 못 고치겠나며 큰소리 뻥뻥 치더라고요. 그런데 한 시간이 넘도록 만지작거리기만 하고 제가 보기에 오히려 더 엉망으로 만든 거 같더라고요. 그래서 제가 한마디 했지요. 아, 그랬더니 오히려 자기가 화를 내고는 횡 밖으로 나가버렸어요. 고치지도 못하고 어지럽혀놓기만 하고서 말이에요. 저도 화가 나서 서비스 신청도 안 하고 있어요."

자매의 말을 듣자 당시의 상황이 자연스럽게 그려졌다. 남편이 텔레비전을 고치는 동안 아내는 쉴 새 없이 잔소리를 했을 것이다. 처음에는 도와준다는 차원에서, 나중에는 믿을 수가 없어서……

그녀의 남편에게 물어보니 더도 덜도 아니고 내가 짐작한 딱 그대로의 상황이었다.

남편이 텔레비전을 만지는 순간부터 아내는 남편에게 관심과 염려와 배려를 보이기 시작한 것이다.

"저거 만져야 되는 거 아냐? 저번에도 비슷한 고장이었는데 AS기사가 고치는 거 보니까 저 판을 만지던데……"

"근데 자기 알기는 아는 거야?"

"지금이라도 부를까?"

남편은 결국 소리를 지르며 자리를 박차고 나갔다고 했다.

"아내는 처음부터 날 믿지 않았어요. 그러니 '저거 만져라', '이거 만져라' 알지도 못하면서 지시를 하는 거죠. 제가 무슨 일을 할 때마다 아내는 아이를 대하듯이 미심쩍은 얼굴로 이런저런 잔소리를 해요. 그럴 때에는 날 무시한다는 생각이 들고 아무것도 하고 싶지 않죠."

그 자매와 같은 실수는 아내들이 가장 많이 저지르는 실수다. 아내의 입장에서는 좋은 마음으로 조언하는 것일 수도 있으나 남편은 그러한 충고를 원치 않을 뿐 아니라 오히려 불쾌하게 여긴다는 사실을 기억해야 한다.

남편이 청하지도 않은 조언을 아내가 하면 남편은 아내가 자신을 무시하고 불신한다고 생각한다. 또한 자신을 비난하는 게 아닐까 기분 나빠한다.

그런데 여자들은 원하지도 않는 조언이나 도움이 남자에게 얼마나 불쾌하게 받아들여지는지 잘 모른다.

남편들이 집안일을 거들어주지 않는다고 많은 아내들이 불만이다. 하지만 막상 집안일을 도와주면 끊임없는 아내의 조언에 시달려야 하기 때문에 집안일이 하기 싫다고 말하는 남편들도 많다. 남편의 귀에는 아내의 조언이 자신을 믿지 못해서 하는 지시나 잔소리로 들리는 것이다.

"그렇게 못 미더우면 당신이 해. 그렇게 잘할 수 있으면 당신이 하란 말이야."

집안일을 잘 도와주는 남편을 원한다면,

아내여 명심하라.

그게 설거지가 됐든 빨래 개키기가 됐든,

벽에 못을 박는 일이든 간에

일을 맡겼으면 알아서 하게
내버려두어야 한다.

남편들은 잘했다는 말을 들을 때, 자기가 그 일에 필요하다는
느낌을 가질 때 기꺼운 마음으로 일에 임한다.

우리는 사랑해야 한다.

그러나 내 방식대로 하는 것이 아니라, 상대
방이 원하는 방식대로 하는 것이 사랑이다.

남편이 침묵할 때

몇 해 전 두란노 서원의 가정상담연구원 실장 일을 맡아달라는 제의를 받았다. 사실 한 회사를 경영하고 있던 나로서는 여간 난감한 일이 아닐 수 없었다. 회사의 경영에 전적으로 매달려도 어려운 시기인데 두 가지 일을 병행한다는 것은 무리였다. 더구나 가정상담연구원의 사역은 아직 준비되지 않았던 터라 더욱 결정하기가 어려웠다.

회사의 동업자들에게는 어떻게 양해를 구하고, 또 나의 빈자리를 어떻게 메울 것인가, 게다가 가정상담연구원 실장의 역할은 어떻게 감당할 것인가 등등으로 나는 심각한 고민에 빠졌다. 기도를 열심히 했지만 쉽게 결정할 수 없었고 그러는 가운데 점점 말이 없어져갔다.

갑자기 말수가 줄고 심각해져만 가는 나를 조심스럽게 살피던 아내가 어느 날 물었다.

"여보, 무슨 일 있어요?"

"아니, 아무 일도 아니야. 그냥 회사 일이 바빠서 그래. 아무 것도 아냐."

그런 식으로 겉돌기를 며칠, 드디어 어느 날 저녁 아내가 참다 못해 나에게 소리를 지르고 말았다.

"여보! 말 좀 해요. 답답해 죽겠어요! 당신 무슨 일 있죠? 왜 말을 안 해요? 나하고 말하기 싫어요? 말을 해야 기도할 거 아니에요? 당신한테 내가 그렇게 아무것도 아닌 존재였어요?"

계속되는 아내의 추궁에도 나는 정확히 대꾸를 못하고 우물쭈물 동문서답을 하다가 궁지에 몰리자 나도 모르게 꽥 하고 소리를 쳤다.

"제발, 나 좀 그냥 놔둬요! 제발! 그냥 가만히 좀 있어요."

내 반응에 아내는 대경실색을 하더니 결국 토라져버렸다.

아내는 아내대로 사정을 정확히 이야기하지 않는 나에게 분노했고, 나는 나대로 꼬치꼬치 따져 묻는 아내에게 화를 내고 말았던 것이다.

정작 내가 그 일에 대해 아내에게 정식으로 말을 한 것은 그로부터 또 며칠이 지나서였다. 물론 그 기간 동안은 아내와의 냉전이 계속되었다. 나도 나대로 괴로웠지만 아내는 아내대로 힘들고 속상했을 것이다.

무엇이 문제였을까?

바로 남녀의 차이였다.

여자는 문제가 생기면 그것에 대해 바로 말하기 시작한다.

"여보, 여보, 큰일났어요" 하고 서두를 꺼내지만 정작 남편이 들어보면 하나도 큰일이 아니다. 그래서 남편들은 "에이, 뭐 그까짓 거 가지고 그래" 하고 한마디로 일축해버리고 만다.

그때 아내들은 자신의 말에 동조하지 않고 이해해주지 않는 남편을 야속하게 생각한다.

그럴 땐 "무슨 큰일이오. 어디 한번 들어봅시다. 어 그거 정말 큰일이네, 어쩌지……. 그렇군" 하고 맞장구를 쳐주면, 최고의 남편이 되는 것이다.

무슨 문제가 있다고 생각해서 걱정하며
화제를 꺼내는 아내 앞에서는
아내의 **판단을**
재단하지 말아야 한다.

옳고 그름을 가리기 전에 아내의 감정에

동조하려고 노력하면,

아내는 그 과정에서 이미 문제를 해결할 힘을 얻는 것이다.

하지만 남자는 여자와 다르다. 오히려 그 반대다.

남자는 문제가 생기면 말이 없어지고 혼자 생각하기 시작한다.

《화성에서 온 남자, 금성에서 온 여자》라는 책을 쓴 존 그레이에 의하면, 남자는 문제에 직면했을 때 자기만의 동굴 속으로 깊이 들어간다고 한다. 자기만의 동굴 속에서 문제의 해결책을 모색하는 것이다.

구조 조정으로 회사를 그만둔 중년의 회사원을 예로 들어보자. 그는 실직한 그날부터 말을 잃어버리고 자기만의 깊은 동굴 속으로 들어가버린다. 별의별 생각이 다 들 것이며 걷잡을 수 없는 감정의 회오리 속으로 빠져들어갈 것이다.

'청춘을 다 바쳐 일했는데, 이제 나이 들었다고 날 내쫓는구나' 하는 허탈감과 배신감, '젊었을 때 용단을 내려 좀더 좋은 회사로 옮겼으면 좋았을 텐데' 하는 자기 회의, 자기 연민 등이 자꾸만 동굴로 그를 잡아끌 것이다.

'내가 이제 회사를 그만두면, 아내와 자식들은 어떻게 되나?' 하는 불안과 수치감, 열등감 등등 온갖 감정의 덩어리들이 용암처럼 부글부글 끓어올라 일상적인 대화나 태도를 유지할 수 없다.

이때 여자는 직관이 뛰어나기 때문에 남편에게 문제가 생겼음을 금방 눈치채고 자신의 의무인 양 접근하게 마련이다. 아내에게 사랑의 언어는 염려와 배려 그리고 관심이므로 이렇게 얘기할 것이다.

"여보, 회사에서 무슨 일 있죠?"

"여보, 회사에서 그만두라고 그래요?"

그래도 남편은 아무것도 아니라고 넘어가지만, 이쯤 되면 아내는 확실히 알게 된다. 그래서 내친 김에 남편을 격려한다고 이렇게 얘기한다.

"여보, 그까짓 봉급도 쥐꼬리만큼 주는 회사 때려치워요. 내가 포장마차라도 해서 꾸려갈 테니 걱정 마시고요."

아마 아내는 이렇게 얘기하면 남편이 감격해서 눈물을 흘리며 "여보, 고마워. 역시 당신뿐이야. 사실은 말이야……" 하고 말해줄 거라고 기대하겠지만 천만의 말씀이다.

"시끄러워! 무슨 말도 안 되는 소리야? 웬 여자가 이렇게 말이 많아. 저리 꺼져!"

대부분의 남자들은 놀랄 만큼 거친 말을 내뱉으며 격하게 반응한다. 그때까지도 정리되지 않고 뒤엉켜 끓어대던 감정의 덩어리들이 용암처럼 분출하는 것이다.

남편이 이렇게 나오면 돕기 위해 큰마음 먹고 말했던 아내들은 큰 상처를 받는다.

'아니, 뭐 이런 인간이 다 있나. 이 사람이 내 남편이 맞나? 자기 생각해서 해주는 말에 날 이렇게 내치다니.'

비참한 느낌에 이제 아내까지 깊은 우울증에 빠지고 부부의 갈등은 깊어만 간다.

남편이 평소와 다르게 입을 다물고 있으면, 잠시 그를 모르는 체 내버려두어야 한다. 그런 상황에 처해 있는 남편에게 이야기를 강요해봤자 소용도 없고 오히려 싸움만 생길 수 있다. 말하고 싶지 않은데 아내가 자꾸 물으면 그것이 심문처럼 느껴져서 남편은 더욱 침묵하게 된다.

남편이 침묵할 때 아내가 기억해야 할 점은, 남편의 침묵이 아내에 대한 애정과 관계 있다고 생각하지 말아야 한다는 점이다. 남편이 혼자만의 시간을 가진다고 해서 그것이 곧 아내가 귀찮거나 아내에 대한 애정이 식었음을 뜻하는 게 아니다. 이를 남편이 침묵하면 기다려라.
그가 충분히 생각하고 스스로 돌아와 그동안의 과정을 얘기
하도록 편안한 분위기를 만들어주라.
물론 쉬운 일은 아니겠지만
남자의 속성을 이해하려고 노력해야 한다.

잘못 오해하고 아내가 먼저 마음을 닫아버리는 경우가 종종 있는데, 그것은 가정을 위기로 몰고가는 길일 뿐이다.

남편이 침묵하면 기다려라. 그가 충분히 생각하고 스스로 돌아와 그동안의 과정을 얘기하도록 편안한 분위기를 만들어주라. 물론 쉬운 일은 아니겠지만 남자의 속성을 이해하려고 노력해야 한다.

남편이 그렇게 침묵할 때면 아내도 잠시 남편에게서 벗어나 다른 일에 몰두하라. 혼자 영화를 보거나 친구들과 얘기를 나누거나 하면서 남편으로 하여금 기다리는 아내에 대한 미안함을 덜 느끼게 하는 것이 더욱 효과적이다. 그럴수록 남편은 혼자만의 시간에서 더 빨리 빠져나와 아내와 함께할 것이고 아내에 대한 믿음과 사랑이 돈독해질 것이다.

그리고 남편이 이야기를 하겠다는 신호를 보내더라도 수많은 질문을 갑자기 소나기처럼 퍼붓지 말아야 한다. 남편에게 어서 많은 이야기를 하라고 재촉할 것이 아니라, 마음을 연 것에 대해 자신이 고맙게 여긴다는 점을 먼저 알려야 한다.

성경은 지혜로운 여인이 되라고 권면한다.
지혜로운 여인은 때를 아는 여인이다.

말할 때와 기다릴 때를 아는 아내, 그 아내가 지혜로운 아내요,
사랑스러운 아내다.

남편이 문제를 안고
자기만의 동굴 속에 깊이 들어가 있다면
아내는 남편이 좋아하는 차를 끓이거나
안식할 수 있는 분위기를 만들어주고
남편이 하루빨리 그 동굴 속에서 빠져나오길 기도해야 한다.
남편은 어느 정도 문제 해결의 가닥이
잡히면 서서히 동굴로부터
빠져나와 말하기 시작한다.
"여보, 사실은 말이야, 회사를 그만두어야 할 것 같아" 하면
서 자신의 속마음을 털어놓는다. 그리고 자신을 믿으며
재촉하지 않고 변함없는
사랑으로 기다려준 아내에게
고마움을 표현할 것이다.

무릇 지혜로운 여인은 그 집을 세우되 미련한 여인은 자기
손으로 그것을 허느니라. (잠언 14:1)

남편의 꿈은 보스

"그놈의 회사 당장 때려치울 거야!"

내가 직장 생활을 할 때다. 사회 생활에서 빚어지는 관계의 어려움과 스트레스로 인해 점점 지쳐가고 있었다. 꿈은 컸지만 그 회사에서는 도저히 꿈을 이룰 수 없을 것 같아 늘 초조했다.

마음에 들지 않는 사람은 왜 그렇게 많은지, 불평과 불만이 가득 차서 늘 입에서 중얼거리는 말이 있었다.

"때려치우자!"

어떤 때는 하루에도 몇 번씩이나 그런 말을 되뇌곤 했다.

그러다 어느 날 상사와 크게 다투고는 기분이 몹시 상해서 집에 돌아오자마자 아내에게 불쑥 그 말을 내뱉었다.

뚱딴지같이 갑자기 터져나온 소리에 아내는 깜짝 놀라 소리

쳤다.

"여보, 갑자기 왜 그러는 거예요? 도대체 무슨 생각으로 그러는 거예요? 믿는 데라도 있는 거예요? 갑자기 회사를 그만두면 뭘 어떻게 먹고 살라고 그래요?"

"내가 구멍가게라도 하지. 나 참, 더럽고 치사해서……."

"여보, 정말 왜 그래요? 구멍가게는 아무나 하는 줄 아세요? 갑자기 아닌 밤에 홍두깨처럼 그게 무슨 말이에요? 당신이 그러니까 정말 불안해요."

그쯤에서 나는 입을 꾹 다물었다.

불안해진 아내는 폭탄 선언 같은 말을 하고서 입에 자물쇠를 채워버린 나에게 이것저것을 물었다. 하지만 난 여전히 대꾸하지 않았다. 결국 아내는 내 눈치를 살필 뿐, 쉽게 다시 그 이야기를 꺼내지 못했다.

그러나 며칠이 지나서 아무 탈 없이 회사에 잘 나가고 있는 나를 보며 아내는 안도하는 듯했다.

남자들은 일반적으로 위계질서의 맨 위에 있을 때 안정감을 갖는다고 한다. 그래서 늘 보스가 되길 원한다. 조그만 조직이라도 자신이 맨 위에 자리하기를 원하는 것이다. 그래서 회사 생활을 하는 많은 남편들이 틈만 보이면 '독립'하고 싶다고 외치는 것이다.

남자들은 타이틀을 참 좋아한다. '장' 자리를 중요하게 여긴다.모든 것을 수직적인 관계에서 판단하고 그 꼭대기에 있을 때 안정감을 느끼기 때문이다.

그러나 여자는 관계망의 한 중앙에 있을 때 안정감을 느낀다. 수평적인 관계에서 판단하고 안정감을 느낀다. 따라서 남편이 한 회사에서 열심히 일하며, 그 조직의 한 중앙에 있을 때 오히려 안정감을 느낀다고 한다.

그런 아내이기에 남편이 "이놈의 회사 당장 때려치울 거야!" 하고 소리치면, 불안감에 휩싸이게 된다.

'이 사람이 왜 이렇게 비현실적이지?' 라고 생각하면서 남편의 행동을 이해할 수 없는 것이다. 이것이 남편과 아내를 갈등으로 몰고갈 수도 있다.

직장 생활을 그만두고 독립하기로 결단을 내린 후 아내에게 "여보, 나 이제 회사 그만두기로 했소! 이제 나도 독립하기로 했소" 했을 때, 나는 아내가 격려해주리라 믿었다. 그러나 아내의 입에선 의외의 말이 튀어나왔다.

"여보, 그 회사가 어때서 그래요? 말이 쉽지 자기 사업이 그게 쉬운 일이에요? 좀더 신중히 생각해보세요."

나는 아내가 격려해주기는커녕 나를 믿지 못하는 듯해서 불쾌하기까지 했다.

"나도 생각할 만큼 생각해보았소. 이제는 더 이상 생각할 것도 없소."

"그래도 다시 한 번만 고려할 수 없어요? 지금이 참 중요한 때인데."

아내는 뭐라고 나를 더 설득하려고 했지만 나는 이미 아내의 말을 듣고 있지 않았다. 속으로 '이 여자가 지금 남자가 가는 길을 막는 거야, 뭐야?'라는 생각이 들며, 나의 손을 들어주지 않는 아내에게 몹시 서운했던 기억이 남아 있다.

그래서 막상 회사를 창립할 때까지는 더 이상 그 진행 상황을 아내에게 이야기하지 않았고, 아내는 아내대로 자신을 무시하고 말해주지 않는 나에게 몹시 서운해했다.

이 모든 것은 남녀의 차이로 인한 오해이다.

남편의 앞길을 막는 아내가 어디 있겠는가?

다만 아내는 관계망의 중심에서 안정감을 얻기 때문에, 관계망을 벗어나고 있는 남편의 모습을 보며 불안을 느끼는 것이다.

그래서 남편에게 자신의 걱정을 표현한 것이다.

그러나 정작 새로운 관계가 수립되면 거기에 재빨리 적응하는 것 또한 여자이다.

내가 회사를 창립하고 사업을 시작하면서 우리 부부 사이의 오해가 풀리고 대화의 물꼬가 트이자 그 어느 누구보다 앞장서서 도와준 사람이 바로 아내였다.

부교역자들의 꿈은 단독 목회라고 한다. 봉급자들의 꿈은 작은 구멍가게라도 좋으니 자기 뜻대로 운영해볼 수 있는 사장이 되는 것이다.

모두 헛된 꿈이 아니다. 모두 위계질서의 맨 위를 지향하는 남자들의 이야기다.

아내들이여,
남편을 이해해야 한다.
그리고 그들의 꿈을 키워주어라.

그 꿈이 당신의 남편과 가정을 세워갈 것이다.

남편들이여,
아내의 마음을 이해해야 한다.
그리고 그들의 소망을 이해하라.

그들은 관계 속에서 행복을 추구하길 원한다.

남편의 꿈과 아내의 소망이 하나되는 날,

그곳에 아름다운 성취가 있을 것이다.

3장 / 아름다운
부부의성

짐승 같은 남편?

가을이 시작되었는데도 나른한 햇살이 마치 봄이 오는 것 같은 어느 날 오후였다. 그 햇살 속에서 노랗게 익어가는 은행잎을 보며 잠시 하던 일을 멈추고 두서없는 상념 속으로 빠져드는데 노크 소리가 들렸다.

시계를 보니 찾아오기로 한 자매의 방문 시간이었다.

문을 열고 들어서는 그 자매의 얼굴엔 평소의 활달하고 밝은 기색 대신 어두운 그늘이 드리워져 있었다. 아마 걱정과 망설임 때문이리라 생각하며 가능한 한 편안한 기분으로 맞고자 애를 썼다.

결혼한 지 5년 정도 되는 그 자매는 며칠 전 전화로 상담을 요청해왔다.

내가 아버지 학교 일을 하고 난 뒤부터 많은 형제 자매들이 나와 상담하기를 원했다. 사실 나 자신도 부족한 게 많고 가진 것 없는 사람이지만, 그들의 이야기를 들어주는 것만으로, 그들의 고민을 함께 생각해주는 것만으로도 도움이 될 수 있다면 고맙고 기쁜 일이라 가능한 한 시간을 내어 자리를 함께하려고 노력했다.

자매는 나랑 마주앉고도 쉽게 입을 열지 못했다.

"어떻게 말씀드려야 할지……."

"그냥 편안하게 하고 싶은 대로, 하고 싶은 말을 하세요. 이것 저것 생각하지 마시고요. 천천히 차 드시면서요."

내가 먼저 차를 비우고 또다시 잔을 채웠다. 시간이 흐를수록 차가 사람 마음을 편안하게 해주고 긴장을 풀어주는 좋은 매개체라는 것을 느낀다.

"장로님, 제 남편은 짐승 같아요."

망설이던 그 자매가 입을 열어 한 첫마디였다. 난 깜짝 놀라 되물었다.

"아니 짐승이라니, 왜 그런 생각을 하세요?"

그 자매는 다시 잠시 망설이더니 천천히 얘기를 풀어놓았다.

그 자매의 불만은 남편이 시도 때도 없이 성관계를 요구한다는 것에 있었다.

"도대체 그이는 분위기나 제 마음 같은 것은 아랑곳하지 않고 그저 자기가 하고 싶으면 무조건 짐승처럼 달려들어요. 어떤 때는 정말 내키지 않아서 거부하면 더 달려드니 그럴 때마다 비참한 기분이 들어요. '도대체 이 사람한테 내가 뭔가?' 하는 생각이 들면서 삶에 회의까지 느껴져요. 장로님, 남자는 어쩌면 그럴 수가 있어요?"

그 자매가 얼마나 용기를 내서 하는 말인지 잘 알 수 있었다. 나는 자매의 마음을 편안하게 다독거려주면서 속에 있는 불만과 걱정을 다 털어놓으라고 했다.

"부부 사이의 부부 관계는 당연한 의무라고 생각해요. 하지만 그게 의무감만으로 되는 게 아니잖아요. 특히 부부 싸움을 해서 전 잔뜩 마음이 상해 있는데 남편은 아무 말도 없이 무조건 시도하는 겁니다. 그래서 싫다고 하면 더 집요하게 달려들어 끝내 자기 목적을 달성하고는 '사랑해'라고 한마디하고 자기는 금방 잠들어버려요."

물론 싸우거나 둘 사이가 냉랭할 때 부부 관계를 함으로써 자연스레 풀릴 때도 있지만, 그렇지 않을 때도 있다고 그 자매는 말했다. 맞는 말이었다.

남편이 보기도 싫을 만큼 감정이 상해 있는데

그런 자신의 감정은 헤아리지도 않고

육체적으로 공격하듯이 덤비면

정말 죽기보다 싫다고 했다.

더 싫은 것은 마음은 그렇지 않은데

자신의 육체가 반응을 보이는 것을 느끼면

자신까지 혐오스럽다고 했다.

"그럴 땐 저 자신도 짐승 같아요. 그리고 어떤 괴리감을 느껴요. 제가 이상한 건가요, 장로님? 하지만 전 정말 이런 게 싫어요. 며칠 전에도 저희 부부가 크게 싸워서 며칠 동안 이야기도 하지 않고 지냈답니다. 그런데 남편이 그제 밤에 또 요구를 하는 거예요. 제 감정은 그대로인데 그 부분에 대해선 한마디 말도 없이 바로 관계를 하자니, 정말 싫었어요. 그래서 전 단호하게 싫다고 하고 또 크게 싸웠어요."

결국 그 자매는 다른 방으로 가서 문을 잠그기까지 한 모양이었다. 그런데 아침에 일어나 보니 남편이 출근해버리고 없더라는 것이다.

"아침도 안 먹고 가버린 거예요. 이래저래 너무 참담한 기분

아내의 입장에선 남편 자체를 거부한 것이 아니라
몸이 말을 듣지 않거나 마음이 열리지 않아
그 순간에만 응하지 않았을 뿐이지만,
남편은 자신의 존재를 거부당했다는
좌절감에 싸여 비참한 기분을 느끼면서 잠자리에 든다.

그 남자가 원하는 여자, 그 여자가 원하는 남자

이 들어 장로님께 상담을 요청하게 되었어요. 장로님, 뭐가 잘 못된 건가요?"

왜 이런 일이 벌어질까? 왜 부부의 사랑을 더욱 돈독하게 해 줘야 할 성생활이 갈등의 요소가 되는 걸까? 그건 남자와 여자 의 성(性)과 성에 대한 남자와 여자의 인식이 서로 다르다는 것 을 알지 못하기 때문이라 생각한다.

하나님은 결혼을 통해서 부부가 영적으로, 정서적으로, 육체 적으로 하나가 되길 원하셨다. 인간이 에덴 동산에서 죄를 진 후, 그들이 최초로 한 일이 바로 중요한 부분을 잎으로 가린 것 이라는 사실은 여러 의미를 내포하고 있다. 벌거벗었으나 부끄 러워하지 않는 친밀감을 상실했다는 의미를 포함하고 있으며, 그 친밀감의 가장 강한 표현 도구가 성생활이었다는 의미로도 해석된다.

어느 가정 사역자는 이렇게 이야기를 했다.

"불행한 가정에서 성이 차지하는 비중은 90%지만, 행복한 가 정에서 성이 차지하는 비중은 10%다."

이 말은 행복한 가정에는 대개 성의 문제가 별로 없지만, 불 행한 가정에는 성생활에서도 문제가 발생할 확률이 높다는 이야기다. 이러한 명제가 성립할 수 있는 원인은, 성이 바로 영적인 연합과 정서적인 연합과 깊은 관계가 있기 때문이다.

창조주인 하나님께서 '보시기에 어여쁜' 우리에게 주신 가장 아름다운 선물 중의 하나가 성생활의 즐거움이다. 그런데 성을 대하는 남녀의 차이가 엄청나게 커서 이 차이를 알지 못하면 하나님이 주신 이 즐거움을 맛보지 못하고, 오히려 불만이 커져서 정서적인 갈등, 심지어는 영적인 연합에도 문제점을 가져올 수 있음을 인지해야 한다.

"이 살기 힘든 세상살이에서 무슨 성 문제를 가지고 왈가왈부야? 배부른가 보지?"라고 생각해선 안 된다. 성은 인간의 기본적이고도 아름다운 욕구 중 하나다. 옷이나 취미 생활처럼 선택의 문제이며 더 있다고 해서 더 좋은 것이 아니다.

그런데 성의 문제가 있는 부부들을 보면 대개 서로 사랑하지 않아서 문제가 생기는 경우가 아니라 서로를 몰라서, 성에 대한 서로의 생각과 차이를 몰라서 갈등이 빚어지는 경우가 거의 대부분이다.

성에 대한 남녀의 차이는

육체적으로나 정신적으로 나누어볼 때

여러 가지로 나타나지만, 단적으로 표현해보겠다.

남자는 일반적으로
'성을 위해서 관계를 맺는 존재'이고
여자는 일반적으로
'관계를 위해서 성을 맺는 존재'이다.

이 표현에서 남녀의 차이가 극명하게 드러나지 않는가.

'성을 위해서 관계를 맺는 존재'이기 때문에 남편들은 특별히 부부 싸움을 하거나 부부간에 이견이 있을 때, 다름 아닌 성을 통해서 관계를 회복할 수 있다고 믿는다. 그래서 아내의 입장에서 보면 무턱대고 성을 추구하는 것처럼 보인다. 그리고 관계가 끝나면 그 만족감을 통해서 두 사람의 관계도 회복되었다고 믿고, "좋았어?"라는 말을 하기도 하는 것이다. 평소에는 전혀 그런 말을 하지 않던 남편들이 성관계를 할 때에는 사랑한다는 표현을 곧잘 하는 이유도 이런 맥락에서 이해할 수 있다.

남자는 성을 통해서 관계를 맺는 존재이기 때문에 아내가 마음이 상하거나 몸이 피곤해서 성생활에 응하지 않고 거부를 하면, 자기 존재 자체를 거부당했다고 생각하며 심지어는 관계가 깨어졌다고 생각하기도 한다.

아내의 입장에선 남편 자체를 거부한 것이 아니라 몸이 말을 듣지 않거나 마음이 열리지 않아 그 순간에만 응하지 않았을 뿐이지만, 남편은 자신의 존재를 거부당했다는 좌절감에 싸여 비참한 기분을 느끼면서 잠자리에 든다.

여자로서는 그런 남편을 도저히 이해할 수 없다.

좋은 관계 위에서 서로를 향한 마음이 그득할 때 성생활이 가능한 것이지, 싸우고 감정이 상한 상태에서는 할 수 없다고 믿는다. 실제로 여자는 정서적으로 친밀감을 느끼지 못하면 육체의 기쁨도 느끼지 못한다. 친밀한 관계가 있어야 진정한 성의 즐거움을 누릴 수 있고, 그래야 삶의 의미를 느낄 수 있다.

여자에게 성생활은
사랑을 업그레이드시키는 행위이지
사랑 자체가 아니다.
그러니 남편이 자기 입장만 생각해서 부부간의 문제가
있더라도 성으로 다 해결할 수 있다고 여기면
아내로선 여간 힘든 게 아니다.
물론 부부간의 애정을 더욱 깊게 해주거나,
사랑이 조금 식어갈 때 성을 통해

다시 충전할 수 있다는 것은
누구도 부정 못하는 사실이다.
어찌 보면 성은 부부에게 주어진
가장 효과적인 만병통치약일 수도 있다.

하지만 그 약을 먹고 싶은 마음이 없을 때, 약을 먹고 고쳐야
겠다는 의지가 없을 땐 어떤 만병통치약도 아무 소용 없을 뿐 아
니라 오히려 역효과를 낼 수 있다. 남편은 아내가 육체적 관계
를 거부할 만큼 마음이 닫혀 있는 것은 아닌지를 먼저 살펴볼 줄
아는 지혜를 가져야 한다.

남녀의 차이를 이해할 때, 우리는 부부에게만 허락하신 성의
아름다움과 기쁨을 함께 나누고 즐길 수 있다. 친밀한 관계 속
에서 아름다운 성을 즐길 수 있고, 아름다운 성생활을 통해 친
밀감을 더욱 키울 수 있을 것이다.

영적인 친밀감과 정서적인 친밀감 위에 육체적으로 하나가
될 때, 이 땅에서 하나님이 허락하신 그런 아름다운 성의 즐거
움을 누리며 행복한 가정을 만들어갈 수 있을 것이다.

갈등의 속사정

하루는 젊은 부부가 함께 나를 찾아와 상담을 의뢰했다. 두 사람 사이의 갈등이 이제 극에 달해 어떻게 해볼 도리가 없을 지경인데 지푸라기라도 잡는 심정으로 나를 찾았다는 것이다.

도대체 결혼한 지 1년 정도밖에 안 되는, 한참 결혼 생활의 재미가 솔솔 나서 시간 가는 줄 몰라야 할 젊은 부부가 무슨 문제가 있어 잔뜩 심각한 얼굴로 앉아 있나 싶었다.

"무엇이 문제인가요? 두 분을 이리 보기만 해도 난 좋은데."

"그러게 말이에요. 정말 한참 좋아야 하는데, 아직 신혼인데 벌써 이리 힘들어서야…… 친구들은 안 그렇던데……."

젊은 아내가 기운이 빠진 목소리로 말하자 남편이 불쑥 조금 톤이 높은 목소리로 말을 받았다.

"도대체 이 사람은 집 안을 치울 줄을 몰라요. 그러면서 내내 피곤해하기만 하고 매사에 짜증만 내서 이젠 제가 어떻게 해볼 도리가 없습니다."

"그렇게 말하는 게 어디 있어요? 제가 놀면서 피곤하다고 해요? 누구는 치우고 싶지 않아서 안 치우나요? 당신이 이렇게 생각하니까 더 힘들어요. 함께 직장 생활하면서 나도 바쁘기는 마찬가지라고요. 일 끝나기가 무섭게 집에 돌아와 대충 청소도 하고, 저녁 준비도 하지만 늘 시간에 쫓기고 힘들어요. 그런데도 이이는 만날 어질러져 있다고 잔소리만 하고. 자기가 나를 좀 도와주면 좋을 텐데 손 하나 까딱 하지 않고, 나 몰라라 하고 있으니 늘 짜증이 날 수밖에 없지 않나요? 조금 짜증을 부리면 또 짜증을 부린다고 야단이니, 저도 이제 힘에 부치는 것 같아요. 이럴 줄 알았다면 결혼하지 않았을 거예요. 왜 결혼했나 몰라요."

아내는 금방이라도 울어버릴 것 같은 얼굴이었다.

"내가 뭐, 전혀 안 도와주나?"

그러면서 남편은 뭐라 더 말하려 했지만 아내가 고개를 푹 숙이는 바람에 중단하는 것 같았다. 두 사람 사이를 가로막은 벽이 높긴 높았다.

하지만 두 사람이 말하는 것처럼 집안이 정리되어 있지 않거나 집안일을 도와주지 않거나 하는 그런 문제만이 전부가 아니라는 느낌이 들었다. 그래서 나는 이 얘기 저 얘기를 더 듣다가 슬그머니 이렇게 물었다.

"그래, 두 분 부부 생활은 어떤가요? 성생활 말입니다."

내 말에 아내는 아주 잠깐 얼굴을 붉히는 것 같더니 결심한 듯 대답했다.

"이 사람은 너무 밝히는 것 같아요."

"아니, 이 사람이? 누가 밝힌다고 그러는 거야?"

그러자 남편은 이내 언성을 높였다. 나는 이 젊은 부부의 문제가 성생활에서 비롯되고 있음을 직감했다.

"화만 낼 게 아니라 서로 솔직하게 얘기해보는 거예요. 상대의 생각을 얼마만큼 알고 있다고 생각하나요? 다 알고 있는 거 같지만 그렇지 않아요. 우선, 우리 자매님 말부터 들어봅시다. 그리고 형제님께 기회를 드리지요. 그 정도는 기다려주실 수 있지요?"

내 말에 남편은 겸연쩍은 듯 웃었다.

젊은 아내의 말을 들어보니 남편은 거의 매일같이 아내에게 관계를 요구한 모양이었다. 한창 힘이 넘치는 젊은 남자인 데다 결혼한 지 1년도 안 되었으니 남편으로선 당연하다고 생각할 수도 있는 요구였다. 아내는 남편이 요구할 때마다 응하기는 했지만 어떨 땐 정말 그것이 고역이었다. 몸은 피곤해 손가락 하나도 까딱 하기 싫은데 그런 자신의 처지를 몰라주는 남편이 야속하기까지 했다.

"정말 신혼 부부는 한 사람은 신나고 한 사람은 혼나는 부부라더니 이런 것이구나 하는 생각이 들었어요."

직장 생활과 집안일 등으로 바쁜 데다가, 가끔 시어머니를 만나면 "얘, 네 신랑 아침 먹여 보내냐? 그 앤 아침은 꼭 먹어야 하는 애다. 그런데 요즈음 얼굴이 좀 야윈 것 같더라"라는 말씀을 들으니 그 또한 스트레스였다. 이래저래 생활 전부가 스트레스의 연속이어서 자연 짜증스러워졌던 것이다.

그런데 남편은 남편대로 스트레스를 받고 있었다. 아내처럼 정리된 말로 자신의 입장을 풀어내지는 못했지만 이런저런 말을 종합해보니 남편의 불만은 바로 성생활에서 비롯되고 있었다. 자신은 사랑스런 아내와 자주 성관계를 갖고 싶은데 아내가 마지못해 응하는 것 같아 몹시 못마땅했다. 게다가 나중에는 그마저 짜증을 내며 기피하려 들자 마음이 상했다.

그렇게 마음이 상하다 보니 아내를 이해하기보다 미운 점만 보이기 시작한 것이다. 그래서 청소 문제 등을 가지고 아내를 헐뜯기 시작했고, 아내는 아내대로 불만을 털어놓으면서 둘의 사이는 금이 가기 시작했다.

사실 젊은 남편에게 아침의 식탁보다 더 중요한 것은 한밤의 풍성한 성생활이다. 그것만 해결되면 집안이 조금 지저분해도, 아침밥을 굶고 출근을 해도 문제가 없었을 것이다. 아니, 스스로 아내의 가사 일을 거들기 위해 소매까지 걷어붙이고 나섰을 것이다. 그런데 아내는 아내대로 몸이 피곤하니 마음과 달리 성생활을 멀리하게 되었다. 그 점이 바로 남편의 마음을 닫게 하는 원인이라는 것을 모르고 말이다.

도대체 무엇이 문제였을까? 왜 이런 문제가 이 젊은 부부에게 생겼을까?

그건 바로 남녀의 성 차이 때문이었다.

이런 우스갯소리가 있다.

아주 오래전 어느 신사가 비행기를 타고 외국에 가기 위해 출국 신고서를 순서대로 써 내려가다가 'SEX'라고 쓰여진 칸을 보았다. 이 점잖은 신사는 '거참, 고약한 일도 다 있네. 별 걸 다 묻는구먼' 하면서 얼굴을 붉히며 '2회'라고 썼다는 얘기다. 물론 지어낸 얘기다.

그러나 이 속엔 우리가 짚어볼 만한 의미가 들어 있다. 그만큼 남자들은 성을 중요시하고 특히 관계를 맺는 횟수에 관심이 많다는 뜻이다. 그러나 여자들은 횟수에는 관심이 없다. 얼마나 충만한 관계 속에서 성을 즐기는가, 그것이 여자들의 관심사다.

남편의 자상한 배려와 관심 속에서 마음이 열리고, 마음이 열린 상태에서 성관계를 맺어야 기쁨을 누릴 수 있고 그럴 때 아내는 행복해하며 최고의 만족감을 느낀다.

그와 다르게 남자들은 횟수에 관심이 많다. 그래서 흔히들 친구끼리 만나면 "일주일에 얼마나 하냐?", "일주일에 몇 번 하는 것이 정상이야?" 하고 묻기도 한다. 그리고 횟수가 많은 사람일수록 경이와 부러움의 대상이 되기도 한다. 마치 그 횟수가 남성의 힘을 대변하는 것처럼 말이다.

킨제이 보고서는 약 37%의 남자들이 30분 간격으로 성적인 상상을 한다고 밝히고 있다. 충동적이고 건초더미와 같은 남편들은 아내에게 덤벼들듯이 관계를 요구하곤 욕구만 채운 후에는 이내 잠들어버리곤 한다.

그러나 여자는 숯불과도 같다.

서서히 달아올라 오래 타오르도록 만들어진 아내는
자기만의 욕구를 채우고 곯아떨어진 남편을 보면
짜증이 난다. 절정을 느껴보지도 못한 채,
거의 매일같이 시달리는 성생활에
전혀 즐거움도 느끼지 못하고 짜증만 늘어가는 것이다.

그 신혼 부부의 경우가 바로 그랬다.

남편이 아내의 심리 상태나 육체 상태를 살핀 후 마음을 전하고 아내를 천천히 유도했다면, 문제는 이렇게 커지지 않았을 것이다. 아내 역시 남자의 성적 욕구는 여자와 다를 수 있다는 것을 인정하고 솔직히 자신의 상태를 얘기하면서 그때그때 부드럽게 대처했다면, 거절하더라도 남편이 오해하지 않게 이해를 시켰더라면, 남편의 불만이 다른 곳으로 불꽃처럼 튀지는 않았을 것이다.

피곤해하는 아내를 위해 집안일을 대신한 다음 분위기를 조성해놓고 "수고 많지? 난 당신이 정말 고맙고 예뻐. 그래서 만날 안고 싶어. 매일 밤 당신과 사랑하고 싶어"라고 고백한다면 아내가 먼저 손을 잡고 침실로 이끌었을지 모른다.

몸은 지칠 대로 지쳐 있는데 매일같이 요구해오는 남편의 귀

몸은 지칠 대로 지쳐 있는데

매일같이 요구해오는 남편의 귀에

"오늘은 자기를 행복하게 못해줄 거 같아,

너무 피곤해서. 대신 기대해,

내일을.

오늘은 당신 품속에 아기처럼 깊이 잠들고 싶어"라고

속삭인다면 남편은 설레는 마음으로

내일을 기다리게 될 것이다.

에 "오늘은 자기를 행복하게 못해줄 거 같아, 너무 피곤해서. 대신 기대해, 내일을. 오늘은 당신 품속에 아기처럼 깊이 잠들고 싶어"라고 속삭인다면 남편은 설레는 마음으로 내일을 기다리게 될 것이다. 그날이 꼭 내일이 아니더라도 신비한 아내의 모습을 기대하며 혼자 미소지을지도 모른다.

젊은 부부는 남녀의 성 차이를 알지 못해서 생기는 어처구니없는 오해를 속수무책으로 키우고 있었던 것이다. 남녀간의 성의 차이를 알기만 했어도, 자신들에게 맞는 화해책을 강구하면서 갈등을 막는 슬기로움을 발휘할 수 있었을 것이다.

남편이 아내의 상황도 모르고 성생활을 요구한다고 해서 무조건 이기적이거나 동물적이라 보지 말고 남자의 성을 이해하려고 한다면, 아내가 관계를 거부한다고 남편을 사랑하지 않거나 성에 불만이 있어서라고 오해하지 말고 그 이유를 대화로 풀어가려고 노력한다면, 그 부부는 지혜롭게 그 차이를 극복하고 성을 생활의 윤활유로 삼을 수 있다.

하나님은 성생활을 통해서 부부가 하나로 연합되며 깊은 친밀감을 맛보길 원하셨다. 진정한 친밀감을 쌓기 위해서는 끊임없는 인내와 노력이 필요하다. 그것이 바로 헌신이다. 여자의 특성을 이해하고 남자의 특성을 이해하면서 서로의 특성을 존중해주고 서로 인내하고 견디는 것, 이것이 사랑이 아니겠는가.

자신의 욕구 충족만을 위해서 성을 즐기는 것이 아니라 상대방에 대한 깊은 배려를 통해서 상대방을 만족시키면서 함께 즐기는 것, 그것이 성이다.

남자는 성을 통해 자신을 느끼고

성을 통해 자신감을 키우고 싶어한다.

그래서 성관계를 나누는 횟수가 중요하고

그 숫자의 의미를 자신의 강함과 일치시키는 경향이 있어,

횟수가 많을수록 멋진 남자 중의 남자라고 생각한다.

여자는 성을 통해 사랑하는 이와의

하나됨을 느끼고 싶어한다.

그래서 성을 통해 그가 자신을 사랑하고

자신이 그를 사랑함을 느끼는 일치감을 더 중요시한다.

그러니 자신이 배제된 성행위는 거부하게 마련이다.

하나님은 이렇게 성에 있어도 남녀간에

큰 차이를 만들어놓으셨다.

바로 이런 차이를 극복함으로써 진정한 연합을 이루고, 이런

연합을 통해 더 깊은 친밀함을 형성하고, 또다시 그런 친밀함을 통해 풍성한 삶을 누리기를 원하시는 것이 하나님의 뜻이다.

내가 불감증인가요?

"이런 문제를 도대체 말씀드려도 될지……, 하지만 장로님밖에는 없을 것 같아서요."

30대 초반인 B씨는 영 어색해하며 입을 열었다.

꽃 매장을 운영하는 그 형제는 신앙 생활도 열심이지만 친절한 성품 때문에도 많은 사람들이 좋아하는 분이었다.

그분이 내가 아버지 학교를 하면서 많은 부부들과 얘기하는 것을 알고는 상담을 청해왔는데, 그들 부부의 모습을 아는지라 나로선 무슨 문제가 있는지 의아했다. 늘 다정해 보였고 부부가 함께 온화한 인상으로 항상 웃음을 잃지 않았다.

"이런 속사정을 누구에게 털어놓겠습니까? 저희 부부는 큰 불만 없이 서로 아끼며 살고 있다고 생각합니다. 물론 살아가면서 고민 한두 가지 없는 사람이 어디 있겠습니까? 하지만 충분히 행복하다고 생각하며 살고 있습니다. 갈등이 생기면 바로 풀어가면서 말입니다. 그런데 시간이 흐를수록 해결의 기미보단 더 골이 깊어지는 부분이 있어서……."

"네, 말씀하세요. 무슨 일이든 다 사람 살아가는 이야기 아니겠습니까? 어려워 마시고 얘기하세요. 털어놓고보면 사실 다 겪고들 사는 문제랍니다."

"우리 부부는 결혼한 지 6년째입니다. 아시다시피 예쁜 공주도 하나 있지요. 그런데 부부 생활을 하면서 한 번도 아내가 만족하는 걸 느끼지 못했습니다. 물론 어느 정도 느끼기는 하겠지만 절정을 느끼는 것 같지는 않습니다. 아내가 그 문제를 가지고 무슨 얘기를 하는 것은 아니고 제게 어떤 식으로든 불만을 표시하지도 않았습니다. 하지만 시간이 갈수록 자꾸 신경이 쓰입니다. 제가 아내를 만족시켜주지 못한다는 자괴감도 들고……."

간단한 문제는 아니었다. 워낙 부부간의 정이 좋아 그 문제가 당장 표면으로 드러나지는 않았지만, 당사자들도 모르는 사이 부부 사이에 금을 형성하고 있을지 모를 일이었다. 나는 그를 설득하여 아내와도 상담을 하게 되었다.

부부간의 문제, 특히 성생활의 문제일 경우 대부분의 사람들이 얘기하기를 꺼린다. 부부 당사자끼리도 그렇고 누군가에게 상담하는 것은 더구나 그렇다. 하지만 부부끼리 성에 관해 솔직히 털어놓고 이야기하는 것이 문제가 깊어지는 것을 막는 가장 좋은 방법이다.

어떤 부분일지라도 마찬가지겠지만 성문제 역시 터놓고 얘기해야 한다. 그럼에도 불구하고 많은 사람들이 성을 표현하는 것을 점잖지 못하다고 치부하며 속으로 안고 끙끙댄다. 특히 우리 나라 여성들은 오랫동안 받아온 잘못된 성교육으로 인해 성을 정숙하지 못한 것으로 잘못 인식하고 있어 성생활을 문제삼는 것을 금기시하는 경향이 있는데, 이는 바람직하지 못하다.

부부가 서로의 성에 대해,
서로의 느낌에 대해 솔직히 얘기함으로써
함께 나누고 함께 더욱 아름다운 성을 즐길 수 있다면
그것이 바로 하나님이 주신 선물을 잘 활용하는 길이다.

만약에 부부간의 대화만으로 해결할 수 없는 문제라면 전문가(의사든 심리상담가든)와 상담하여 문제를 해결하려는 적극성을 보여야 한다. 건강하고 즐거운 성생활을 하려는 노력은 결코 천박한 것도 정숙하지 못한 것도 아니다. 인간의 권리와 자연스러운 욕구를 잘 풀어내어 생활의 질을 높이려는 노력인 것이다.

나는 전문가라기보다 가까운 이웃으로, 먼저 살아온 선배 부부로서 그들 부부의 진정한 도우미가 되어주고 싶었다.

그 형제의 아내를 만나보니 참 잘 만났다는 생각이 들었다. 얘기를 이끌어내기가 쉽지는 않았지만 그녀의 말을 듣고 보니 그녀 역시 같은 고민을 하고 있었다.

"그이에게 미안했어요. 그이에게 불만이 있다거나 그런 건 아니에요. 처음엔 그러려니 했어요. 다들 여자는 처음엔 다 힘들다고 그러잖아요. 그런데 세월이 지나도 마찬가지였어요. 사실 전 좋다거나 그런 감정은 별반 느낄 수가 없었어요. 하지만 그래서 불만스러운 게 아니라 그이가 답답해하지 않을까, 걱정스러웠어요. 장로님, 제가 혹시 불감증이 아닐까요?"

그의 아내 역시 자신들의 문제점을 느끼고 있었고 그 잘못이 자신에게 있다고 생각한 것이다.

그 부부는 서로를 아껴주는 마음이 깊은 부부답게 문제점을 느끼고도 각자 자신에게 그 화살을 돌리고 전전긍긍하고 있었다. 서로에게 책임을 돌리며 불만을 갖는 경우는 아니었다. 하지만 그 부부가 그렇게 고운 마음을 가졌다 하더라도 문제가 해결되는 건 아니었다. 그대로 시간이 더 흐르면 정 깊고 서로 생각하는 마음이 지극한 그들 부부조차 감당할 수 없는 무게로 그 문제가 커져버릴지 모르는 일이었다.

조심스러운 문제가 아닐 수 없어서 다시 그 형제를 만나 허심탄회하게 얘기를 나누었다. 남자들끼리 할 수 있는 얘기를 먼저 한 것이다.

"나도 결혼 생활 30년이고 자식도 낳았고 명색이 부부 상담을 하고 있잖아요? 그러니 겸연쩍다 생각 말고 편안하게 대답해요."

그렇게 이것저것 돌려가면서 그 형제의 성에 대한 생각이나 부부 생활의 습관 등을 물어보았다. 100%는 아니겠지만 역시 내 짐작대로 그 형제의 행동에 일차적인 문제가 있는 것 같았다. 아니, 정확히 표현하자면 그 형제가 여자의 성을 몰라서 빚어진 일이었다.

여자들은 분위기에 약하다.

누구나 아는 말이다. 하지만 그것을 실천하는 사람은 생각보다 적다. 특히 육체적 관계를 맺을 때 여자들은 얼마나 예민한지 모른다. 충분히 사랑받고 있다는 느낌이 들 때 여자는 몸으로 남자를 받아들일 준비를 하게 된다. 남자가 감정이 생기지 않아도 관계를 맺을 수 있는 것과는 다르다.

그런 심리적인 차원에서뿐만 아니라 육체적인 조건에서 보더라도 남자와 여자는 많이 다르다. 생리적인 구조부터 다르며 그로 인해 느끼는 시간이나 강도도 다르다. 여자는 남자에 비해 성관계를 가질 때 느끼기까지 오랜 시간이 필요하다. 그런데 남자들은 준비 기간도 두지 않고 바로 관계를 가지며 또한 그 관계에서 욕구를 채우는 시간도 여자에 비해 빠르다. 그러니 여자는 채 느끼기도 전에 관계가 끝나버리는 경우가 많은 것이다.

하지만 남편에게 이런 이야기를 하면 밝히는 여자가 될까 봐 아무 말 못하고 벙어리 냉가슴 앓듯 앓는 아내들이 의외로 많다. 오히려 자신이 불감증 환자가 아닐까, 그래서 남편이 자신에게서 성적 매력을 느끼지 못하고 혹시 딴마음이라도 먹을까 봐 걱정하는 아내도 생기는 것이다.

부부 관계를 가질 때 사랑하는 마음을 적극적으로 육체로 표현하는 것은 결코 천박하거나 이상한 행위가 아니다. 아내의 몸이 뻣뻣한 나무토막이 되느냐, 나긋나긋한 봄바람이 되느냐 하는 것은 남편의 손에 달려 있다고 볼 수 있다.

B씨는 여자의 성을 이해하지 못하여, 아내의 몸이 충분히 자신을 받아들이고 느낄 수 있을 때까지 사랑이 가득한 손길로 애

여자의 성을 이해하지 못하여,
아내의 몸이 충분히 자신을 받아들이고
느낄 수 있을 때까지 사랑이 가득한 손길로
애무를 해주는 것을 점잖지 못한 일로 생각하고 있었다.
B씨의 그러한 잘못된 성 인식으로 인해
자신도 아내도 성이 주는 진정한 행복감을
맛보지 못한 것이다.

무를 해주는 것을 점잖지 못한 일로 생각하고 있었다. B씨의 그러한 잘못된 성 인식으로 인해 자신도 아내도 성이 주는 진정한 행복감을 맛보지 못한 것이다.

그 아내 역시 남편과 성에 대한 애기를 나누는 것이 정숙한 아내로서 할 일이 아니라는 잘못된 인식을 가진 탓에 멀쩡한 자신을 불감증 환자로 만들면서까지 가슴 졸이고 살았던 것이다.

물론 여자의 경우에만 심리적인 이유가 부부 관계에 영향을 미치는 것은 아니다. 남자도 심리적인 이유로 정상적인 부부 생활을 못하는 경우가 있다. 남자의 경우, 아내로부터 인정받고 있지 못하다는 느낌이 들 때, 남성으로서 당당해지지 못한다.

그럴 때 가장 많이 나타나는 증상이 흔히 말하는 조루증이다. 남편에게 그런 증상이 있을 때 아내가 어떻게 반응하느냐에 따라 남편의 회복 여부가 달려 있다.

별일 아니라며 따뜻하게 격려한다면 남편은 다시 당당한 남자가 되고, 노골적으로 실망하고 등을 돌리면 남편은 그야말로 '고개 숙인 남자'가 되는 것이다.

어떤 양상으로든 성생활이 만족스럽지 못한 부부가 있다면, 그것이 단순히 그 한 문제로 국한되지 않음을 다들 인정할 것이다.

성생활은 알게 모르게

부부의 전체 생활에 영향을 미친다.

부부가 서로의 성을 제대로 알고

몸과 마음이 열린 상태에서 관계를 맺게 된다면,

서로를 사랑하는 마음을 진정으로 표현하고

서로 격려해준다면,

그 부부는 성을 통해 그때까지 경험하지 못한

기쁨을 맛보게 되고 부부의 전체 생활까지

새롭게 바뀔 것이다.

이제 아내와 남편에게 속삭여보자.

이 세상에서 가장 멋진 남자가 당신이고

이 세상에서 가장 섹시한 여자가 당신이라고.

아리송한 여자!

"장로님, 도대체 여자의 어느 부분이 가장 예민한 곳입니까?"

불쑥 찾아와 이런 질문을 하는 분들이 있다. 그때마다 나는 그에게 되묻곤 한다.

"그래, 형제님은 여성의 어느 부분이 가장 예민한 부분이라고 생각하고 있습니까?"

그렇게 물어보는 분들은 대부분 자신이 성적으로 강하고 매력도 있다고 생각하는데 아내가 별 반응이 없어 답답하다고 생각하는 경우가 많다.

"글쎄요, 어떤 사람은 클리토리스라고 하기도 하고, 또 어떤 사람은 G-POINT라고 하기도 하고, 가슴일 것이라고 하는 사람도 있고요."

정말 남자들의 성 지식 수준은 자극적인 일간지나 잡지, 혹은 각종 음란물을 통해서 얻어진 수준에 불과하다는 생각이 들곤 한다.

남자들은 대부분, 여자의 신체에서 어떤 특정 부위를 애무하면 최고의 성생활을 즐길 수 있을 것이라고 믿고 그 부분이 어떤 부분일까를 찾느라 고민한다. 또 아예 그런 것은 생각하지도 않고 자신의 성욕만을 해소하기 위해 아내와의 성생활을 즐기는 사람들도 있다. 하지만 이건 분명 잘못된 생각이다.

물론 애무는 말 그대로 사랑스런 몸짓이며 두 사람의 사랑의 감정을 고조시키기 위해 필요한 행위임에 틀림없다. 애무를 생략하는 건 여자의 몸을 모르는 남자의 실수이며, 아내를 둔한 여자로 만드는 지름길이다. 하지만 애무는 사랑의 감정이 깔려 있을 때 그 효과를 발휘한다는 사실을 잊으면 안 된다. 이 사실을 단순히 머리로만 기억하고 그저 기계적인 애무에 그친다면 아무리 해도 아내의 몸은 열리지 않는다. 오히려 불쾌감이나 고통만 줄 수도 있는 것이다. 그러면 안 한 것만 못한 결과가 되고 만다.

남자가 기억해야 할 또 한 가지 중요한 사실은 일반적으로 알려진 성감대라 해서 자신의 아내도 그럴 것이라고 무턱대고 짐작하면 안 된다는 것이다. 위에서 말한 대로 대개 클리토리스나 가슴이 성감대로 알려졌다고 해서 아내 역시 그럴 거라고 섣부른 짐작은 하지 말아야 한다. 사랑하는 아내의 성감대는 자신이 직접 몸으로, 대화로, 느껴서 알아내야 한다. 대부분의 여성이 좋아하는 행위이거나 예민한 부분이라고 해서 나의 아내도 반드시 그러리라는 법은 없는 것이다.

그런데 애무에 대해 이야기하면서
짚고 넘어갈 문제가 있다.
대부분 애무라고 하면 남자가 여자에게 하는 것으로
인식하고 있다. 그리고 여자들이 더 민감하게
반응하는 것도 사실이다.
하지만 남자도 애무를 받으면
성생활에서 훨씬 즐거움을 느낄 수 있음을,
남자도 애무를 받고 싶어한다는
사실을 아내는 알아야 한다.
남자 역시 여자처럼
애무를 필요로 한다.

어쨌든 여자는 남자에 비해 복잡한 신체 구조를 가졌듯이 성 관계에서도 남자보다 훨씬 복잡한 경로를 거치는 게 사실이고, 느끼는 방법도 다양한 게 사실이다. 아내를 알기 위해선 몸과 마음으로 직접 대화하고 느끼며 알아가는 것이 최상의 방법이다.

하지만 남자가 기억해야 할 한 가지는 여자들은 공통적으로 서두르는 것을 좋아하지 않는다는 사실이다. 여자는 부드럽고 천천히 사랑하고 싶어한다.

그렇다면 여자의 어느 부분이 가장 민감한 곳일까? 그런 곳이 있기는 할까?

나는 이 질문을 받을 때마다 이렇게 대답한다.

"여자의 가장 민감한 부분은 마음입니다. 마음을 얻으십시오. 마음을 얻어야 몸이 열립니다. 아내의 마음을 얻어야만 최고의 성생활을 즐길 수 있습니다. 마음을 열면 여자는 온몸이 예민해집니다. 물론 더 강렬하게 자극을 받는 부분이 있기도 하지만, 마음이 먼저 열려야만 그 부분들도 열리는 것입니다."

부부 사이에 문제가 생겨도 한 이불 덮고 하루 자고 나면 다 해결된다고 생각하는 남자들이 가끔 있다. 자신이 소위 말하는 '변강쇠'라고 생각하는 그런 분들은 무슨 일이든 그렇게 몸으로 풀려고 하고 아내가 그것을 거부하면 오히려 화를 낸다.

하루는 어느 40대 중반의 형제가 나에게 찾아와서는 다짜고짜 "도대체 여자는 알다가도 모르겠어요"라며 말을 꺼냈다.

"왜요? 부인하고 무슨 일 있으셨어요? 진정하시고 자초지종을 얘기해보세요."

차를 건네면서 물었더니, 그는 한숨을 푹푹 내쉬며 말을 이어갔다.

"며칠 전 저희 본가에 모임이 있어 아내와 함께 갔습니다. 근데 아내가 형수와 말다툼을 하길래 제가 그 문제로 야단을 좀 쳤지요. 어떻게 윗동서에게 그렇게 할 수가 있느냐, 당신이 무조건 잘못했으니 사과하라고 말입니다. 아내가 내 말대로 형수한테 사과를 하고 일은 그런 대로 수습이 되었어요. 그런데 그건 수습이 아니라 시작이었더라고요. 아내는 그 일이 그렇게 섭섭했나봐요. 내가 그 자리에서 자기를 야단친 게 말이에요."

그 형제의 아내는 집으로 돌아와 울면서 남편에게 따졌다. 어떻게 다른 사람 앞에서 자기를 그렇게 매몰차게 야단칠 수 있느냐, 도대체 당신은 누구 편이냐 등등.

그 형제는 형제대로 아내의 그 말에 다시 서슬 퍼렇게 응수를 했다.

"어떻게 형수가 남인가? 그리고 당신이 사과하지 않으면 도대체 누가 해야 하는 거야? 그럼 그 자리에서 형수가 당신한테 사과했어야 해? 아니면 부모님도 계신 집에서 일 커지게 서로 계속 자기 주장만 해야 했어? 아랫사람인 당신이 지는 척해야 하는 게 마땅한 일 아냐? 내가 나서서 당신을 혼내는 척했으니 그만해서 일이 끝난 거야."

결국 본가에서 꺼진 듯한 불씨는 그 형제의 집에서 다시 커져 부부는 크게 싸우게 되었다.

"한참 싸우다 아내가 울고 하니까 마음이 또 안됐더라고요. 그래서 그만두자 싶어 그때부터 입 다물고 식탁에 앉아 혼자 술 한잔 했습니다. 나중에 밤에 안아주며 풀어야지 싶었거든요. 그런데 그날 밤 아내가 아예 애들 방에서 자더라고요. 많이 속상했나보다 하고 넘어갔습니다. 그런데 그날로 끝나는 게 아니었습니다. 그 일이 있은 후로 도대체 부부 생활이 안 되는 겁니다. 물론 제가 하자고 하면 응하기는 하는데 도무지 반응을 보이지 않습니다. 제가 아무리 애무를 해주어도 잠시뿐 그냥 의무적으로 대하는 것 같습니다. 도대체 어떻게 해야 할까요?"

적지 않은 남편들이 아침에 바가지(?)를 긁는 아내에게 "아침부터 왜 그렇게 여자가 말이 많아!"라고 소리치고는 문을 쾅 닫곤 뒤도 안 돌아보고 출근한다. 그러고는 회사에 나가 일에 빠져버린다. 이미 그는 아내의 바가지도, 아내의 눈물도 까마득히 잊은 상태다.

출근길에서부터 시선을 빼앗는 유혹도 느끼고, 거래처를 방문하면서도, 또 돌아오는 길에서도 성적인 충동을 느끼기도 한다. 그러다가 밤이 되면 솟구치는 강한 남성 호르몬(테스토스테론)의 작용으로 아내에게 접근한다. 하지만 이 경우 대부분의 아내는 강하게 거절을 하거나, 아니면 마지못해 몸을 허락(?)할 뿐이다.

왜 이런 현상이 벌어질까? 바로 남녀의 차이 때문이다.

남자는 분절적이라 그 사건은 그 사건이고 성생활은 성생활이다. 하지만 여자는 연계적이라, 그 사건과 성생활이 연계되어 있다. 모든 것이 다 연결되어 있다. 남편이 소리를 빽 지르며 문을 쾅 닫는 순간 남편과 심한 다툼을 했다는, 또는 남편이 나를 사랑하지 않고 무시한다는 느낌을 받았을 때, 마음은 닫히고 그와 함께 몸도 닫힌 것이다.

남자는 섹스를 통해 사랑을 확인하려고 하지만, 여자는 사랑이 있어야 진정한 섹스가 가능하다는 사실을 거듭거듭 기억해야 한다.

남편은 만족스러운 섹스를 통해
자신의 정체성을 세워가며 세상을 활기차게 살아간다.
그러나 아내는 마음으로 느껴지는
진실한 사랑을 통해 자신의 정체성을 세워가며
세상을 활기차게 살아가는 존재이다.

아내와 다투었다면, 아내의 마음이 상한 것을 알아차렸다면, 그 마음부터 풀어줄 생각을 해야 한다. 아내가 우울해 있다면, 아내가 한없이 침체된 상태라면 아내를 심리적으로 수면 위로 끌어올린 다음 육체적인 사랑법을 사용해야 한다.

사랑은 본래 고전적인 것이다. 사랑의 본질은 시대가 아무리 변하고 그것을 둘러싸는 외양이 아무리 달라져도 변하지 않는다. 사랑은 오래된 명작 같고 오래된 명곡 같다고 나는 생각한다. 사랑은 고전적이다. 그래서 꽃 선물이나 편지 같은 고전적인 방법이 디지털 시대인 현대에서도 가장 강력한 효력을 지녔다고 믿는 것이다.

아내와 싸운 날이면 무조건 침실에서 우당탕, 한바탕 사랑을 하고 나면 다 좋아지리라 생각하지 말라. 대신 평소에 잘 가져보지 못한 둘만의 시간을 가지면서 아내의 마음을 달래주어라.

음악이 흐르는 카페에서 연애 시절 마셔본 칵테일을 한잔 마시거나 노래방에 가 노래를 불러주거나, 흐르는 노래에 맞춰 블루스를 춰보라.

그조차 허락되지 않는 상황이면 동네 꽃집으로 달려가 꽃 한 송이라도 사오고 식탁이나 밥상 위에 초라도 한 자루 켜놓고 와인이라도 한 잔씩 마셔라.

아내가 좋으면서도 여전히 뾰로통한 얼굴로 문제가 되었던 그 이야기를 꺼낸다면 일단은 무조건 잘못했다고, 마음 상하게 하고 싶지 않았다고 사과하며 기분을 풀어주어라.

그날 밤 아내는 남편보다 먼저 사랑한다고 속삭이며 품속으로 파고들 것이다.

진정 행복한 성생활을 원한다면 아내의 마음을 얻어야만 한다. 아내의 가장 민감한 성감대가 다른 곳이 아닌 바로 마음이라는 사실을 깨달아야 한다. 그리고 행복한 성생활이 삶 전체를 밝게 해주리라는 사실을 잊지 말라.

아침부터, 아니 전날부터 다정한 눈짓과 부드러운 대화, 따스한 분위기, 접촉 등으로 아내의 마음을 열어야만 아내는 몸을 활짝 열고 남편과 진정한 하나됨을 경험하며, 서로가 서로에게 만족을 주는 성생활을 즐길 수 있다.

만족한 성생활이 삶을 윤택하게 만들고,

세상의 온갖 육체적인 유혹으로부터

남편과 아내를, 아니 가정을 지켜줄 것이라는

사실을 결코 간과하지 말아야 한다.

너는 네 우물에서 물을 마시며 네 샘에서 흐르는 물을 마시라.

(잠언 5:15)

아내의 샤워 소리가 두려울 때

　'남편이 아내를 두려워 할 때'라는 유머가 있다.
30대에는 아내가 백화점 가자고 할 때, 40대에는 아내가 샤워
하는 소리를 들을 때, 50대에는 곰국을 끓이고 있을 때, 60대에
는 아내가 함께 외출하자고 할 때라는 내용의 유머다. 한번쯤은
다 들어보았을 것이다.

　30대에는 아내가 백화점에 가서 닥치는 대로 물건을 살까 봐
두려워하고, 40대에는 아내의 샤워 소리를 들으며 아내를 만족
시켜주지 못한 채 쇠퇴해가는 정력에 두려움을 느낀다는 것이
다. 한편 50대에는 아내가 곰국을 끓이면 저 아내가 또 며칠 동
안 집을 비우고 어디 관광 가는 모양이구나, 며칠 동안 또 곰국
만 먹으며 지내야 하는구나 하고 두려워하며, 60대에는 아내가

외출하자고 하면, 이 마누라가 나를 어디에다 버리려고 하는가 하면서 두려워한다는 것이다.

물론 웃자고 과장한 내용이지만 참 가슴 아픈 유머가 아닐 수 없다. 그리고 거기엔 간과할 수 없는 진실이 숨어 있기도 하다.

40대 남성들이 아내가 샤워하는 소리를 두려워한다는 이야기는 남녀의 성 차이를 극명하게 설명해준다.

남자와 여자는 성적 자극을 느끼는 시기가 매우 다르다. 남자는 10대 후반부터 20대 중반까지 강한 욕구를 느끼며, 30대 후반을 고비로 서서히 하강세를 그리는 것이 보통이다. 그러나 여자의 경우는 30대 후반부터 서서히 상승세를 타기 시작해서 40대에 강한 욕구를 느끼게 된다.

특히 여성의 경우는 출산과 육아가 30대에 몰려 있어, 육체적 조건이 아니더라도 사실상 성의 즐거움을 느끼기에는 환경적으로 어려움을 겪게 되어 있다. 여성은 강한 모성애의 본능 때문에 아이를 낳는 일과 돌보는 일에 더 우선 순위를 두기 때문이다.

그래서 아이들이 점차 혼자 생활할 수 있는 시기, 즉 40대에 들어서면 생리적 욕구와 정서적 안정감이 맞물리며 강한 성적 욕구를 갖게 되고 대담하게 표출하는 것이다.

어떤 가정 사역자가 신혼 부부라는 말을 풀어서 "한 사람은 신나고, 한 사람은 혼나는 부부"라고 정의했다. 여러 가지 의미가 있지만, 성적으로도 남자들은 결혼하자마자 강한 성적 욕구를 해소하려고 신이 나서 서두르지만, 여자들은 대개 성적인 즐거움을 알지 못한 채 혼나는 시기가 신혼 부부의 시기라는 것이다.

더구나 30대 이후에 아이를 갖고 키우며 아내의 관심이 온통 아이에게 쏠려 있는 것을 보면 남편들은 서운해하기도 하고, 강한 성적인 욕구를 감당하지 못해 가끔 한눈을 팔기도 한다. 아내들은 아이들과 씨름하느라 몸도 피곤하고 정서적으로도 에너지를 많이 빼앗기므로, 이런저런 상황 가릴 것 없이 덤벼드는 남편을 거부한다.

이때 아내는 성관계만을 거부하는 것이지만, 남편들은 존재 자체에 대한 거부로 받아들여 허전해하고 쓸쓸해한다. 믿어지지 않겠지만 삶의 의미를 잃기도 한다.

남편들이 아내와 육체적 사랑을

나누고 싶어하는 까닭은

강한 성적 욕구 때문이기도 하다.

그렇지만 성을 통해서 사랑을 확인하고

아내의 남자임을 확인받고 싶고, 스트레스를 해소하고 싶어하기도 한다.

그런데 이런 욕구가 제대로 충족되지 않으면 더 큰 스트레스를 받는 것이다. 그래서 자신도 모르게 쌓인 불만은 생활의 여기저기서 다른 모습으로 터져나오게 된다.

이런 속사정들로 인해 부부 사이의 불필요한 갈등들이 성문제라는 계기 때문에 30대에 잘 일어나게 된다. 서로가 서로를 알고 깊이 이해하려고 들면 충분히 슬기롭게 해결할 수 있는데도 이유를 모르니 서로 원망만 하는 것이다.

그러나 이러한 갈등도 40대가 되면 반전되기 시작한다.

남자들이 하루하루 달라져가는 자신의 몸과 성적 욕구의 쇠퇴를 느끼면서 위기 의식을 느끼기 시작할 때쯤 여자들은 드디어 성에 새로운 눈을 뜨기 시작하기 때문이다.

남편들로서는 그때가 직장에서 제일 일을 많이 해야 하는 어려운 시기인데다 위치상으로도 힘들 때이다. 아래에선 팔팔하고 최신 정보와 실력으로 무장한 소위 30대의 신세대가 치고 올라오고, 위에선 중후하며 경험 많은 50대가 눌러대는, 이른바 낀 세대가 되고 마는 것이다.

이래저래 정서적으로 심한 스트레스의 연속이니 성생활이 제대로 될 리가 없다. 그런데 속사정도 모르는 아내는 "하기 싫다고 할 땐 억지로 난리를 치더니 왜 등을 돌리고 자냐? 혹시 다른 여자를 만나는 것이냐?"라는 억울한 말까지 하며 남편의 속을 뒤집어놓는다.

"그래도 난 당신이 원하면 힘들어도 참았어. 하지만 당신은 너무해. 허구한 날 독수공방이니……."

훌쩍거리는 아내를 보면 그야말로 미칠 지경이다. 그래서 40대의 남편들 사이엔 '의무 방어전'이라는 말이 의미 있게 쓰인다.

그러나 그 의무 방어전에서도 참패를 당하는 경우, 남편은 정체성을 상실하기도 한다. 나는 무능력한 남자로구나, 심지어는 나는 실패한 사람이구나 하는 좌절감을 느끼기도 하는 것이다.

그것은 성의 정체성을 통해서 자기를 확인하려는 남성의 본능 때문이다. 그래서 남자들이 정력에 좋다는 것을 찾아다니기도 하고 각종 약을 복용하기도 하는 것이다. 남자들의 그런 속성을 무조건 단순하게 보고, 야만인이니 짐승이니 하면서 눈살만 찌푸릴 일이 아니다.

자기 아내에게서 성적 정체성을 상실한 남편이, 엉뚱한 상대

남편이 아내에게 '해주는' 것이 성생활이 아니고,
혹은 그 반대로 아내만이 남편에게 '해주는' 것도
성생활이 아니다.
남편이 여러 가지 이유로 지치고 힘들어
육체적 사랑을 나누기 어려울 때는
아내가 몸으로, 마음으로 다독거려주어야 한다.
"여보, 힘들지요?
내가 오늘은 당신을 온통 사랑해줄게요."
그렇게 속삭이면서 몸으로
사랑을 표현하라.

에게서 성적 정체성을 찾아보려고 몸부림을 치기도 하는 일도 이때 주로 일어난다.

남자의 성을 알고, 남편의 상황을 알고 이해하며 받아줄 준비가 된 아내라면 40대의 어려운 시기를 맞은 남편을 다시 일으켜 세울 수 있다. 위기에서 남편을 건져줄 사람은 바로 아내다.

여기서 우리는 중요한 성 지식을 한 가지 기억해야 한다. 섹스는 결코 어느 한 사람이 '해주고' 어느 한 사람은 '즐기는' 것이 아니다. 섹스는 부부 두 사람이 함께 나누고 함께 즐기는, '함께' 함으로써 완성되는 최고의 사랑 행위다. 많은 남편들이 관계를 가질 때 아내에게 만족을 주어야 한다는 강박 관념에 사로잡혀 있다. 만약 그러지 못하면 남편의 위신이 깎인 듯 안절부절 못한다. 남편의 의무를 다하지 못했으니 남편으로서 체면이 서지 않는다는 좌절감에 빠지는 것이다. 그래서 남편은 점점 더 아내 앞에서 위축이 되고 밤이 두려워지며, 부부 사이에는 점점 허물 수 없는 높은 담을 쌓기도 한다.

남편이 아내에게 '해주는' 것이 성생활이 아니고, 혹은 그 반대로 아내만이 남편에게 '해주는' 것도 성생활이 아니다.

남편이 여러 가지 이유로 지치고 힘들어 육체적 사랑을 나누기 어려울 때는 아내가 몸으로, 마음으로 다독여주어야 한다.

"여보, 힘들지요? 내가 오늘은 당신을 온통 사랑해줄게요."

그렇게 속삭이면서 몸으로 사랑을 표현하라. 남편이 어떤 상태라도 자신에겐 가장 멋지고 강한 남자라는 사실을 남편에게 확인시켜주라. 그러면 남편은 정말 그렇게 된다.

그리고 또 하나 기억할 점은 성관계를 가진다고 해서 반드시 전 과정을 다 거쳐야 하는 것은 아니다. 사랑스런 손짓으로 남편의 몸을, 아내의 몸을 어루만지고 사랑해주는 것으로 사정 못지않은 기쁨을 맛볼 수 있고 스트레스도 충분히 풀린다. 그렇게 서로 아껴주는 마음이 그득하면 지쳐버린 남편도 다시 원기를 회복하고 오히려 잠자리를 기다리게 될 것이다.

남편은 자기 입장만 생각해서 무턱대고 섹스를 요구해선 안 되겠지만 아내도 알아둘 것이 있다. 늘 습관적으로 그러거나 일방적인 요구일 때는 곤란하지만, 가끔 남편이 갑자기 충동적으로 섹스를 요구할 땐 그가 지금 위로가 필요한 상태라는 사실을 알아야 한다. 그러니 여러 가지 이유로 거부해야 할 상황일지라도 그런 남편을 받아줄 수 있어야 한다. 그러한 아내의 사랑이 남편을 편안하게 할 것이다.

또한 전희 없이 본격적인 순서에 들어가는 경우에도 무조건 언짢아하지 말고 남편의 심리를 헤아려보도록 하자. 대부분의 여자가 부드럽고 서두르지 않는 섹스를 원하듯 대부분의 남자는 열정적이고 관능적인 섹스를 원한다. 그래서 전희 없는 섹스도 하고 싶어한다. 남편이 가끔 그런 섹스를 원할 때 무조건 거부하지 말고 그 기분을 이해하도록 노력하는 것이 성생활을 잘 이끄는 아내의 현명함일 것이다.

부부에게 있어 성은 무척 중요한 부분이다. 하지만 먼저 서로의 차이를 이해하는 과정이 필요하다. 그래야 아름답고 풍요로운 성을 즐길 수 있기 때문이다.

서로의 차이를 이해하는 것이 바로 지혜다. 그 지혜를 활용해서 삶에 적용하고 삶을 풍요롭게 하는 것, 그것이 사랑 아니겠는가.

하나님이 주신 아름다운 성을 즐기기 위해서는 아낌없는 사랑이 필요하다.

무뚝뚝해야 남자다운 남자?

"장로님, 저희 남편은요, 어쩌면 사람이 저렇게 정이 없나 몰라요? 정말이지 자상하고 정 많은 남편을 가진 친구가 얼마나 부러운지 몰라요."

그 자매는 자리에 앉자마자 하소연을 시작했다. 그 옆에서 남편은 내 눈치를 보면서 헛기침을 하며 곤란해하고 있었다.

두 분 다 쉰을 몇 고개 남기지 않은 중년 부부였다. 나는 흔히 볼 수 있는 그 풍경에 미소를 지으며 되물었다.

"왜요, 제가 보니 다정다감하게 생기셨는데요."

내 말에 그 자매는 손을 휘휘 저으면서까지 정색을 했다.

"아니, 아니에요. 제 속은 아무도 모릅니다. 장로님, 얼마나 무뚝뚝하고 잔정이 없는지……. 어디 좀 다닐 때 제가 조금 힘이 들거나, 마음이 조금 허전하거나, 혹은 기뻐서 팔짱이라도 좀 낀다든지 손을 잡는다든지 하면 질색을 하고 밀쳐내는 사람이에요. 먼저 잡아주지는 못할망정 그리 무안하게 밀어낼 건 뭐예요? 아니, 내가 무슨 벌레인가요?"

아마 그 자매는 단단히 마음을 먹고 날 찾아온 모양이었다.

"이 사람아, 내가 언제 당신을 벌레라고 했어? 좀 쑥스럽고 창피해서 그런 걸 가지고 뭘 그래? 유난스럽게……. 남들도 다 그렇게 사는구먼. 나처럼만 자상하라지. 장로님, 도대체 뭐가 문제라고 이러는지 모르겠습니다. 하도 장로님께 같이 가보자고 졸라서 오긴 왔지만……. 장로님 말씀 듣는 거야 좋을 것 같아서 말입니다."

"장로님, 이이는 늘 이렇게 이야기한다니까요. 툭하면 '나 같은 남자 있음 나와보라 그래!' 이렇게 큰소리칩니다. 그 말을 들을 때마다 전 기가 막혀 말이 안 나와요. 정말 저런 벽창호 같은 사람이 또 있을까요?"

그 중년 부부는 겉으로 보기에는 아무 일도 없어 보이는 평범한 부부였다. 남편은 도대체 자기가 뭐 잘못한 것이 있어서 상담까지 받아야 하는지 알 수가 없다는 태도였고, 아내는 이제는 도저히 지칠 대로 지쳐서 더 이상 어떻게 해볼 도리가 없다는 입장이었다. 두 사람이 서로를 전혀 이해하지 못하고 답답하게만 여기고 있으니 정말 딱한 노릇이었다.

'어떻게 서로 상황을 이토록 다르게 해석할 수가 있을까' 라는 생각을 하며 나는 부인의 이야기부터 자초지종을 들어보았다.

홀시어머니를 모시고 자녀를 둘 키우면서 부인은 마음 고생이 이만저만 심한 것이 아니었다. 그러나 사실 부인을 힘들게 하는 일은 시어머니와의 관계 때문이 아니었다. 자기의 마음을 이해하지 않는 남편이 그녀를 지치게 하는 가장 큰 원인이었다.

남편은 어머니를 의식해서인지 집에 오면 아내에게 적당히 거리를 두고 대했으며, 무슨 일이 있으면 어머니 편을 들어 그때마다 아내의 마음을 무너지게 만들었던 것이다. 어쩌다가 외출이라도 나가면 아내는 해방감에 젖어 남편과 팔짱도 끼어보고 손도 잡으며 걷고 싶어 애교를 부리지만 남편은 요지부동 목석이었다.

뿐만아니라 자신과 육체적 접촉을 하고 싶어하는 아내를 이상한 눈으로 바라보기 십상이었고, 때로는 그것을 성적으로 오해한 나머지 "이 여자가 왜 이래. 벌건 대낮에⋯⋯"라며 멀리 떨어져서 가기도 했다는 것이다.

아내는 그러한 남편 때문에 모처럼의 외출에서 오히려 스트레스를 받고 오는 날이 더 많았다.

그런데 대개는 그런 날 밤에 남편은 성관계를 요구했다. 낮에 당한 아픔이 있어 거절하면, 끝내 달려들어 자기 욕심을 채우는 남편, 그리고 돌아눕는 남편을 보면 야속하고 괘씸한 생각에 눈물이 다 나올 때가 있었다는 것이다. 자신이 한없이 초라하고 가엾어 소리 없이 울었다고 했다.

그럴 때마다 아내의 가슴은 시꺼멓게 타들어갔을 것이다.

부인이 잠긴 목소리로 이야기를 하는 동안 그 남편은 연신 헛기침을 하며 "참, 별소리를 다……" 하고 혼잣말을 중얼거렸다.

"부인이 많이 서운하고 힘드셨겠네요. 이제 남편이 말씀해보세요."

그 남편은 나의 재촉에도 불구하고 가만히 입을 다물고 있었다. 아마 아내의 입에서 그런 말이 나올 때까지 아내가 그런 심정이었으리라고는 짐작하지 못했을 것이다. 그래서 자신도 그 순간 많은 생각을 하게 되었을 것이다.

"그렇게 생각하고 있는 줄 몰랐습니다. 전 저 나름대로 최선을 다한다고 생각했습니다. 나이 드신 어머니를 노엽게 할 순 없으니까, 그리고 이 사람에겐 군이 일일이 표현하지 않아도 내 마음을 안다고 생각했지요. 부부가 뭡니까? 눈빛만으로도 마음을 읽어낼 수 있는 사이 아닙니까? 아, 하면 무슨 말을 할지 알고, 내 마음은 안 그렇다는 걸 알 거라 믿었는데. 그리고 남자가 자고로 진득해야지, 좋다고 촐싹대고 그럽니까?"

그 말에 부인은 "내가 당신 마음을 어떻게 알아요?" 하며 눈을 흘겼다.

왜 이런 일들이 일어날까?

그건 바로 남녀의 차이 때문이다. 부부들이 남녀의 차이를 알지 못하기 때문이다.

우리 나라 남자들 중 많은 남자들이 위의 남편 같은 생각을 하고 있다. 특히 나이가 든 분들일수록 더 심하다. 다른 사람들에게는 예를 갖추거나 신경을 써서 잘해주더라도 아내에게는 안 그래도 된다고, 안 그래도 알아주리라 믿는다. 또 그래야 부부라고 생각하는 것이다. 하지만 그것은 잘못된 생각이다.

얼마 전 신문을 보니 한 달에 약 1,000명 이상의 평범한 가정 주부들이 가출을 한다는 기사가 있었다. 참 무서운 이야기가 아닌가.

가정 주부의 가출, 그것은 곧 가정의 붕괴로 이어질 수도 있는 엄청난 사건이다.

왜 평범한 가정 주부들이 가출을 할까, 물론 여러 가지 이유가 있을 수 있다.

경제적인 문제로 인한 부부간의 갈등, 가족간의 관계에서 오는 갈등, 부부간의 성격 차이로 인한 갈등, 또 외부로부터 오는 여러 가지 압박들, 이러한 것들로부터 탈출하고 싶은 몸부림일 수도 있다.

그러나 나는 그 이유 외에도 성적인 요인을 전혀 배제할 수 없다고 생각하며, 어쩌면 이것이 큰 비중을 차지하고 있을지도 모른다고 생각한다. 성적인 요인이 다른 요인들 아래에 숨어 있을지도 모르는 것이다. 다른 문제들은 가끔 우리의 영향권 밖에 있기도 하지만 부부의 성생활은 충분히 부부의 노력만으로 행복하게 해결할 수 있다.

남편들은 대개 '성' 하면, 일반적으로 침실에서의 행위를 떠올린다. 특히 '남녀 7세 부동석' 이라는 전통적인 유교의 영향을 받으며 자라온 한국의 중년 남자들은 같이 손을 잡고 다니거나, 나란히 앉는 것조차 쑥스러워한다. 손을 잡거나 몸을 맞대는 것을 침실이나 은밀한 곳에서만 이루어지는 성행위로 규정하고 있을지도 모른다.

그러나 아내들에게 있어서 침실에서 행해지는 성행위는 전체 성생활의 20%밖에 차지하지 않는다고 한다.

여성에게 있어서 성이란,
다정한 눈길과 다감한 태도,
따스한 손길, 포옹이다.
이런 것이 나머지 80%의 비중을
차지하고 있다는 것이다.

그런데 남편들은 착각 속에 살고 있다. 특히 변강쇠 신드롬 속에서 살고 있는 한국의 남편들은 세계 최고(?)의 비아그라 소비국의 남자들답게 '성행위'에 목숨을 걸고 있다. 아무리 침실에서 이루어지는 성행위의 달인일지라도, 결국은 20%의 만족밖에 주지 못한다는 사실을 알지 못하기에 아내의 마음을 놓치고 있는 것이다.

어쩌면 가정 주부들은 잃어버린 80%를 찾아서 방황하고 있는지도 모른다.

이렇듯 성생활에 있어서도 남녀의 차이를 아는 것이 얼마나 중요한지 알아야 한다. 그래야 하나님께서 허락하신 성의 풍요로움을 맛볼 수 있을 것이다.

남편의 다정한 눈길, 마음을 어루만져주는 속삭임, 손을 꼭 잡아주는 따스함, 마음이 느껴지는 깊은 포옹 속에서 아내는 마음을 열고 남편을 받아들일 준비를 한다. 그러면서 남편의 부족함을 이해하게 되는 것인지 모른다.

아침에 출근할 때 아내의 손을 꼭 잡고 던지는
"여보, 고마워. 사랑해"라는 속삭임이
바로 당신의 성생활을 풍성하게 만드는
'비아그라'라는 사실을 기억해야 한다.

남편은 성적 매력이 있는 아내를 원한다

많은 아내들이 자신의 남편은 성적 매력이 있는 아내를 원하지는 않는다고 생각한다. 집안일 잘하고 남편 외조 잘하고 자식 교육 잘 시키고 가족들간의 화목을 도모할 줄 아는 아내, 그러니까 한마디로 현모양처가 남편이 원하는 아내상이라고 철석같이 믿고 있다. 특히 남편의 직업이 일반적으로 말해서 도덕적인 분야일 경우, 그렇게 생각하는 경향이 강하다. 예를 들어 목사와 같은 종교직이거나 교사직 그리고 사회 지도자층이 여기에 속하겠다.

하지만 그것은 여자들만의 착각이다. 직업과 성적 관심도는 아무런 관계가 없다. 그리고 남편들은 현모양처만을 바라지 않으며 성적인 욕구를 채워주는 아내 역시 바란다.

"내 남편이 그런 줄은 몰랐어요."

목사님 부부들을 대상으로 한 가정 사역 세미나에서 아내와 함께 남녀의 차이에 대해 강의를 마친 후, 한 사모님이 내 아내에게 와서 한 이야기였다. 무슨 말인가 하면, 목사님들을 대상으로 한 설문 조사에서 성적인 만족을 채워주는 아내가 1위를 차지한 사실에 놀랐다는 얘기다.

"목사님들이 바라는 아내의 모습 중 성적인 만족을 채워주는 아내가 1위일 줄은 정말 몰랐어요. 전 그런 일에는 전혀 관심이 없으신 줄 알았거든요. 남편이 평소 요구하는 편도 아니고요."

그 말을 하는 사모님의 얼굴은 정말 놀랐다는 표정이었다.

그 사모님에게만 해당하는 말이 아닐 것이다. 그만큼 우리 아내들은 남편들을 잘 모른다는 얘기다.

미국의 어느 크리스천 가정 사역 기관에서 부부들을 대상으로 조사한 바에 의하면, 남편이 바라는 아내의 모습은 다음과 같았다. 1위는 성적인 만족을 주는 아내, 2위는 여가 상대가 되어주는 아내, 3위는 깨끗하고 매력 있는 아내, 4위는 내조와 집안 살림을 잘하는 아내, 5위는 칭찬(인정)해주는 아내의 순이었다.

이에 반하여 아내가 바라는 남편의 모습은 다음과 같았다. 1위는 애정을 표현하는 남편, 2위는 말상대(대화)가 되어주는 남편, 3위는 정직하고 투명하게 마음을 나누는 남편, 4위는 경제력이 있는 남편, 5위는 자녀에게 관심을 가져주는 남편의 순이었다.

한국의 경우, 내가 온누리 교회에서 하나님의 가정훈련학교라는 프로그램을 할 때 조사한 바에 따르면, 1위는 칭찬(인정)해 주는 아내, 2위가 성적인 만족을 주는 아내였다. 물론 연령의 차이에 따라, 개인의 차이에 따라 다를 수도 있지만 말이다.

그러나 이러한 통계 수치를 보고 깜짝 놀라는 사람이 많이 있었다. 성적인 만족을 주는 아내가 남편이 바라는 아내의 모습 2위라는 결과를 쉽게 믿지 못했다. 그래서 나는 목사님들이 모인 그날, 아내와 함께 강의를 하면서 바로 이 문제를 놓고 워크숍을 진행했던 것이다. 그런데 결과는 온누리 교회 프로그램에서보다 더 높게 나타났다.

목사님 부부들을 대상으로 한 강의였는데, 목사님과 사모님들을 따로 나누어 진행하면서 목사님들에게 진실하고 실질적인 토의를 해줄 것을 부탁드렸다. 약 30분간의 워크숍을 마치고, 목사님 쪽에서 나와 발표를 하는데 1위가 성적인 만족을 주는 아내였다. 그 순간 사모님들의 테이블에서 약간의 술렁임이 있었지만 그것은 사실이었다. 그때 그 사모님도 충격을 받았고 강의가 끝난 뒤 아내를 찾아와 놀라움을 호소한 것이다.

사실 한국의 남편들은 성에 대해 솔직한 표현을 하지 못하는 편이다. 조금 부끄럽기도 하고 계면쩍기도 하며, 어쩐지 성에 대해 이야기하면 천박한 것 같기도 해서 아내와도 이야기하지 못한다. 그러나 남성은 매우 성적인 존재이다. 그렇게 창조된 존재이다. 그렇기 때문에 충만한 성생활을 통해 긴장감을 해소하고 새로운 활력을 얻으려고 시도한다. 어느 사모님은 목사님이 장기 출장을 가게 될 때는, 풍요롭게 성을 즐기고 떠나실 수 있도록 배려한다는 이야기를 들었다. 참 지혜로운 사모님이라고 생각한다.

또 관심을 끄는 부분이 여가의 상대가 되어주는 아내를 남편들이 바라고 있다는 점이다. 남편은 어쩌면 아내가 자기와 같은 수준으로 따라오길 내심 바라고 있는지도 모른다. 아내들의 자기 개발의 필요성이 강조되는 이유이다.

실제로 남편들은 여가를 함께
즐길 줄 아는 아내를 원하고 있다.

많은 아내들은 집안 살림을 잘하면

남편이 좋아할 것이라고 생각하고

자신도 돌보지 않고 그저 집안 살림에만 매달리지만,

놀랍게도 그것은

남편이 바라는 아내의 모습 중

4위에 불과할 뿐이었다.

이에 반하여 아내들이 바라는 남편의 모습 1위는 애정을 표현해주는 남편이었다. 무뚝뚝하고 과묵한 것이 바람직한 남성상이라고 생각하고 있는 한국의 남편들에게는 충격적인 이야기가 아닐 수 없다. 아내들은 자상하게 애정을 표현하는 남편을 가장 원하고 있다.

"여보, 사랑해. 여보, 정말 고마워. 난 당신하고 결혼해서 너무 행복해. 당신이 이 세상에서 최고야. 여보, 힘들었지?"

아내들은 이런 표현을 듣고 싶어한다.

그러나 한국의 남편들은 체면 문화에 사로잡혀 이런 표현을 할 줄 모른다. 남부끄럽다고 생각하고, 닭살 돋는다며 표현하길 거부하고, 대개는 "마음이 중요하지"라고 말하거나 "행동으로 보이면 될 거 아니야?"라고 한다.

그러나 한국의 남편들은 체면 문화에 사로잡혀

이런 표현을 할 줄 모른다.

남부끄럽다고 생각하고,

닭살 돋는다며 표현하길 거부하고,

대개는 "마음이 중요하지"라고 말하거나

"행동으로 보이면 될 거 아니야?"

라고 한다.

그래서 애써 시간을 내서 근사한 식당에서 외식도 하지만, 남편들은 표현에 서툴러 정작 아내가 바라는 대화는 하지 못하고 사방을 두리번거리거나 그저 밥만 먹는다. 이 식당 인테리어가 멋있다는 둥, 식사가 맛있다는 둥, 전혀 분위기를 파악하지 못하고 도움도 되지 않는 이야기를 늘어놓다가 일어나는 것이 한국의 남편들이다. 아내가 바라는 것은 맛있는 음식이 아니라 그런 곳에서 남편과 함께 다정하게 식사를 하는 것이다.

　남자는 앞서도 말했듯이 일 중심, 성취 지향적 존재이다. 그래서 경제 활동에 가장 치중한다. 그들의 권위의 상징이 부에 있듯이, 그렇게 부를 축적하기에 골몰하는 존재이다. 그러나 놀랍게도 경제력 있는 남편은 아내가 바라는 남편의 모습 중 4위였다.

　이것 또한 남편들이 주의깊게 눈여겨보고 심사숙고해야 할 대목이다. 물론 경제력은 남편이 갖춰야 할 조건 중의 하나이다. 그러나 경제력이 전부가 아니라는 것이다.

　요즈음 가정의 기능에 경제적 기능과 애정의 기능만 남았다고 개탄하는 분들이 많다. 그래서 가정 경제에 어려움이 닥치면 이혼하는 경우도 늘어나고 있다. IMF 사태 이후, 경제 문제 때문에 붕괴된 가정이 많은 것도 바로 그런 현상 중의 하나다.

또 애정이 없으면, 단지 서로가 사랑하지 않는다는 이유로 헤어지는 것이다. 남자들이 중요시 여겨왔던 경제 기능, 여자들이 중요시 여겨왔던 애정의 기능, 바로 이 기능이 오히려 지나치게 강조되고 왜곡되어 일어나는 역기능적인 현상이다.

아내의 바람을 모르고 앞만 보며 달린 남편들,
남편의 바람을 모르고 가슴앓이만 하는 아내들,
그래서 가정은 멍들어가고
텅 빈 둥지로 변하는지도 모른다.

서로가 원하는 바를 아는 것이 중요하다. 내가 먼저 상대방의 필요를 채워줄 때, 나의 필요가 채워지고 그래서 가정 생활이 충만해지면 사회 생활의 활력소를 얻게 될 것이다. 그렇게 가정이 건강해질 때 우리 사회도 건강해지는 것이다.

4장 / 같은 사랑 다른 언어

사자와 소의 결혼 생활

이 세상에 영원 불변한 주제가 있다면 바로 사랑일 것이다. 많은 사람들이 사랑을 찾아 헤매고, 사랑 때문에 살고 사랑 때문에 죽는다.

문학을 비롯한 모든 예술의 영원한 주제 역시 사랑이다. 성경의 주제도 한마디로 정의하자면 역시 사랑이다.

네 마음을 다하고, 목숨을 다하고 뜻을 다하고 힘을 다하여
주 너의 하나님을 사랑하고 네 이웃을 네 몸과 같이 사랑하라.
(마가복음 12:30)

주일 강단에서 제일 많이 선포되는 말씀 또한 사랑이다.

그러나 많은 목사님들의 고민은 '내가 그렇게 사랑하라고 숱하게 말씀을 선포했는데, 왜 성도들이 가정에서 서로 사랑하지 않는가?' 하는 것이다.

인간은 사랑을 받기 위해 태어났고 또 사랑을 주기 위해 태어난 존재다. 그러나 많은 사람들이 사랑을 느끼지 못하고 그렇기 때문에 행복을 누리지 못한 채 살아가고 있다. 그들의 고민은 정말 상대방이 나를 사랑하고 있는지 알 수가 없다는 것이다.

그래서 많은 아내들이 "당신, 나 사랑하는 거 맞아요? 날 사랑하는 사람 같지가 않아요"라고 말한다. 그러나 남편들은 이렇게 항변한다.

"난 분명 아내를 사랑하고 있다."

남편이 분명 아내를 사랑하고 있다는데 왜 아내는 그 사랑을 느끼지 못하고 불안해하며 끊임없이 확인하려고 하는 걸까?

사랑에는 언어가 있는데, 남자와 여자의 사랑의 언어가 다르다. 그러므로 나의 배필이 이해할 수 있는 언어로 사랑을 표현해야만, 나의 배필이 내 사랑을 이해하고 느낄 수 있는 것이다.

그런데 많은 이들이 자신의 사랑을 자신만의 언어로 표현하기 때문에 상대는 그것을 느끼지 못한다. 느끼지 못한 상대도 행복하지 못하지만, 최선을 다해 사랑하는데도 사랑하지 않는다고 불평하는 상대를 보는 자신도 행복하지 못하다.

자기만이 이해하고 있는 언어로 표현한다면, 아내나 남편은 그 사랑을 전혀 이해할 수 없고, 늘 공허한 마음으로 살아갈 뿐이다.

언젠가 인터넷에서 이런 글을 읽은 적이 있다.

상대에 대한 배려에 대해 다시 한 번 생각하게 해준 글이라 옮겨본다.

소와 사자가 있었습니다.

둘은 죽도록 사랑합니다.

둘은 결혼해 살게 되었습니다.

둘은 최선을 다하기로 약속했습니다.

소가 최선을 다해서 맛있는 풀을

날마다 사자에게 대접했습니다.

사자는 싫었지만 참았습니다.

사자도 최선을 다해서 맛있는 살코기를

날마다 소에게 대접했습니다.

소도 괴로웠지만 참았습니다.

참을성은 한계가 있었습니다.

둘은 마주앉아 얘기합니다.

문제를 잘못 풀어놓으면 큰 사건이 되고 맙니다.

소와 사자는 다툽니다.

끝내 헤어지고 맙니다.

헤어지며 서로에게 한 말……

"난 최선을 다했어!"였습니다.

소가 소의 눈으로만 세상을 보고,

사자가 사자의 눈으로만 세상을 보면

그들의 세상은 혼자 사는 무인도입니다.

소의 세상, 사자의 세상일 뿐입니다.

자기 위주로 생각하는 최선

상대를 보지 못하는 최선

그 최선은 최선일수록 최악을 낳고 맙니다.

내가 혹시 상대가 먹지도 못할 음식을 가져다주면서, 상대가 느끼지 못할 사랑을 퍼부으면서, 최선을 다하고 있다고 생각하고 있는 건 아닌지 돌아보게 하는 글이었다.

아마 많은 이들이 이런 잘못을 저지르고 있을 것이다.

"나는 최선을 다했어. 근데 넌 뭐야? 내게 해준 게 뭐야?"

이렇게 남편과 아내는 서로를 원망하지만
　　　　　　그 상대 역시 똑같은 말을 하고
싶어함을 잊지 말아야 한다.

사랑의 언어에는 다섯 가지가 있다.

인정하는 말, 함께하는 시간, 봉사와 섬김,
선물, 접촉이 그것이다.

사랑의 언어 중 첫째인 인정하는 말은
많은 남성들의 사랑의 언어이다.

인정해주고 칭찬해주고 격려할 때,
남자들은 사랑을 받고 있다고 느끼게 된다.

가솔린이 자동차를 움직이는 연료라면, 칭찬은 남편을 움직이는 연료이다. 왜냐하면 인정하는 말을 들었을 때 남자들은 사랑을 느끼기 때문이다.

"당신 참 멋있어요. 난 당신을 믿어요. 난 당신만 있으면 되요. 당신은 할 수 있어요. 괜찮아요. 당신은 잘 해내고 있어요."

이런 인정의 말을 통해 남자들은 자신이 사랑받고 있다는 것과 존재의 가치를 느낀다.

사랑의 두 번째 언어는 '함께하는 시간'이다. 상대와 나누는 대화와 함께하는 활동을 통해 사랑을 느끼는 것이다. 이것은 많은 여성들의 사랑의 언어다.

부부가 함께 대화하고 함께하는 활동을 통해, 서로 이해하고 공감하면서 사랑을 나누게 된다.

사랑의 세 번째 언어는 '봉사와 섬김'이다.

아내를 위해 청소, 설거지, 빨래 등 집안일을 도울 때, 혹은 밤 늦게 일하는 남편을 위해 밤참을 준비하거나 따뜻한 도시락을 쌀 때 아내와 남편은 사랑을 느낀다. 이 섬김과 봉사는 남자보다는 여자들의 사랑의 언어다.

잘 알고 지내는 어느 부부가 있다.

두 사람은 외국에서 만나 사랑하게 되었고 결혼 후 귀국하여 살게 되었다.

사랑은 나의 언어로 표현하는 것이 아니라,

상대방의 언어로 표현해야 하는 것이다.

우리는 어리석은 사자와 소가 되어 헤어지면서

"최선을 다했다"고 허망한 소리를

외치지 말아야 한다.

남편은 외국에서 홀로 생활하며 자랐기에 집안일을 썩 잘하는 편이었다. 그래서 결혼 후에도 집 안 청소와 설거지 정도는 기꺼이 해주었다. 그는 늘 "나는 완벽한 남편이야. 나 같은 남편 있으면 나와봐" 하며 으쓱해했다. 그러나 그런 일들을 하고 난 나머지 시간은 거의 혼자 지내길 원했다.

아내는 그런 남편을 도저히 이해할 수 없었다.

아내는 남편에게 "제발, 그런 일은 내가 할 테니 차라리 그 시간에 나하고 얘기나 좀 해요"라고 부탁했다. 그 아내는 남편이 아무리 집안일을 도와주어도 기쁘지 않았고 남편의 사랑을 느낄 수도 없었다.

집안일을 해준다고 무조건 만점 남편일 거라는 생각은 금물이다. 아내가 남편이 집안일을 해줄 때 행복해하는 까닭은 남편이 자신에게 관심을 가져주고 배려하는 표현이라고 믿기 때문이다. 그런데 그 남편은 그런 느낌을 갖게 해주지 않았다.

남편은 대화를 할 줄 몰랐던 것이다. 늘 홀로 살아왔기에 그는 다른 사람과 어떻게 관계를 맺어야 하는지 몰랐다.

아내와 대화를 좀 하다 보면 이내 싸우게 되고, 자존심이 상하고, 그래서 입을 더욱 다물게 되었다. 아내는 아내대로 그런 남편을 이해할 수 없었다. 그래서 "난 당신 같은 사람은 처음 봤어요"라고 응수하게 되었고, 두 사람의 갈등의 골은 깊어져 갔던 것이다.

두 사람은 거의 파경 직전까지 이르렀을 때 나를 만났다. 난 두 사람에게 물었다.

"서로를 사랑하고 있습니까?"

그들의 대답은 한결같았다.

"네, 사랑합니다."

하지만 내가 그 사랑을 느끼고 있냐고 물었을 때도 두 사람의 대답은 한결같았다.

"아니오, 도대체 느낄 수가 없어요."

그들에게 무엇이 문제였을까?

바로 두 사람의 사랑의 언어가 달랐다는 점이다. 사랑을 표현하는 언어가 달랐던 것이다.

남편의 사랑의 언어는 인정하는 말과 봉사였다. 하지만 아내의 사랑의 언어는 대화였다. 그런데 남편은 대화는 하지 않은 채 아내를 위해서 집안 살림을 해주며 그것을 통해 사랑을 표현하려고 했기 때문에, 아내는 전혀 사랑을 느낄 수 없었던 것이다.

시간이 흐를수록 사랑의 그릇이 텅 비게 된 아내는 계속해서 남편을 헐뜯게 되었다. 그러자 이번에는 남편의 사랑의 그릇이

비기 시작했다. 왜냐하면 인정하는 말이 사랑의 언어인 남편은 아내의 헐뜯는 말에 마음과 입을 닫고, 더욱 대화를 기피하는 사람이 되어버리고 말았던 것이다.

많은 남성들이 가정 사역, 또는 부부 세미나를 하고 나면 이렇게 속단을 한다.

'그래, 아내를 위해 설거지나 빨래, 집 안 청소를 좀 해주라는 이야기구나.'

물론 그것도 좋은 일이다. 그러나 아내의 사랑의 언어가 봉사와 섬김이 아닌 경우에는 전혀 효과가 없을 뿐더러 오히려 갈등의 소지가 될 수도 있다는 것을 알아야 한다.

사랑은 나의 언어로 표현하는 것이 아니라, 상대방의 언어로 표현해야 하는 것이다. 우리는 어리석은 사자와 소가 되어 헤어지면서 "최선을 다했다"고 허망한 소리를 외치지 말아야 한다.

사랑은 자기의 유익을 구치 아니하며⋯⋯. (고린도전서 13:5)

사랑의 그릇 채우기

어느 부부 세미나에서 함께 만났던 아름다운 부부가 있다. 남들이 보기에는 정말 아름다운 부부, 정다운 부부였다.

남편은 무역 회사의 중견 간부였고, 아내는 교사직을 그만두고 주부로 돌아가 가정을 지키는, 신앙 생활에서나 사회 생활에서나 전혀 흠 잡을 곳이 없어 보이는 부부였다. 청년 시절 교회에서 함께 봉사하며 사랑에 빠져 결혼한 지 15년 정도 된 부부였다.

그런데 어느 날, 우리 부부와 함께 대화하는 도중에 그의 아내가 이런 고백을 하는 것이다.

"공연히 학교를 그만둔 것 같아요. 학교로 돌아가고 싶어요.

도대체 남편이 날 뭘로 아는지 모르겠어요. 요즘은 삶의 의미를 느낄 수가 없어요. 내가 이뤄놓은 게 뭔가 싶기도 하고."

그 말을 듣고 아내도 나도 무척 놀랐다.

어느 누구 못지않게 열심히 교회 활동을 하고 항상 함께 다니는 그 부부가, 그 아내가 하는 고백이라고 믿을 수가 없었다. 놀란 사람은 우리 부부만이 아닌 듯했다. 그 남편도 놀란 표정으로 아내를 돌아보았다.

남편이 이유를 몰라서 놀라는 것인지, 아니면 그런 말을 우리에게 털어놓아서 놀라는 것인지는 알 수 없었지만.

"아니 무슨 일이 있으십니까?"

나는 그냥 넘길 문제가 아니다 싶어 그 형제에게 물었다.

"아니오, 무슨 일은요. 아무 일 없습니다. 이 사람이 또 센티멘털해졌나봅니다. 워낙 감상적인 사람이거든요."

그 형제는 부인했지만, 그 말을 듣고 도저히 참을 수 없다는 듯이 그의 아내가 나섰다.

"아무 일도 없다니요? 저는 답답해 죽겠어요. 장로님, 권사님, 말씀 좀 들어보세요. 오죽하면 제가 이러겠어요?"

"어허 참. 왜 이래?"

"형제님, 잠깐 이야기를 들어보세요."

아내의 말에 그 형제는 잠자코 있었다.

"저 혼자 집에만 하루 종일 있다가 남편이 돌아오면 참 반가워요. 그래서 이야기 좀 하려 하면, 저이는 잠만 자요."

나는 그렇지 싶어 "좀더 구체적으로 이야기해줄 수 있으세요?"라고 물었다.

"이이는요, 집에 늘 늦게 들어와 제가 이야기 좀 하자고 하면, 침대에 누워서 얘기하자고 하고서는 제가 무슨 말을 시작하면, '됐다! 됐다!' 하면서 절 슬며시 끌어당겨 사랑을 나누곤, 혼자 곯아떨어져 자는 거예요. 도대체 날 뭘로 보는 건지 모르겠어요. 날 자기 섹스 파트너로만 생각하는 건 아닌지……."

"아니, 이 사람이 무슨 말을 그렇게 해? 내가 당신을 뭘로 보다니."

얼굴이 벌겋게 달아오르며 그 형제의 언성이 조금 높아졌다.

나는 두 사람의 대화에서 이내 사랑의 언어를 발견할 수 있었다. 남편의 사랑의 언어는 접촉이었고, 아내의 사랑의 언어는 대화였던 것이다. 그렇게 서로가 다른 언어로 사랑을 표현하니 상대가 느낄 수 있겠는가 말이다.

나는 두 사람을 진정시킨 후, 사랑의 언어에 대해 설명을 하기 시작했다.

서로 상대방의 사랑의 그릇을 채워주기 위해서는 상대방이 이해할 수 있는 사랑의 언어로 표현해야만 한다는 것을 설명했다. 형제에게는 반드시 침대에 들어가기 전 15분 내지 30분간 아내와 대화할 것, 즉 아내의 이야기를 잘 들어주고 이해하고 공감해줄 것을 요청했다.

또 아내에게는 대화 후에는 남편이 원한다면, 기쁜 마음으로 남편이 원하는 사랑의 언어로 남편의 사랑의 그릇을 채워줄 것을 부탁했다.

그후 몇 번의 상담을 통해, 그 부부는 위기를 극복하고 아름다운 부부 생활을 회복할 수 있었다.

접촉이 사랑의 언어인 사람이 많다. 꼭 성적인 접촉뿐만 아니라 안아주고, 어루만져주고, 손을 꼭 붙잡아주고 하는 모든 접촉을 포함하는 것이다.

헬렌 피셔는 이렇게 말하고 있다.

인간의 피부는 풀밭과 같아서, 각 풀잎의 말초 신경이 너무나 민감하여 조금만 닿아도 인간의 두뇌 속에 그 순간의 기억을 각인할 수 있다.

일반적으로 한국 사람들은 성 문제에 관해서는 이야기하기를 꺼려하고, 자신의 사랑의 언어가 접촉이라는 사실을 부끄러워하기조차 한다.

그러나 성은 부부만이 누릴 수 있는 친밀함의 가장 아름다운 표현이며, 하나됨의 상징이며, 즐거움과 안식과 치유를 가져다 주는 하나님이 주신 가장 소중한 선물이다.

접촉이 사랑의 언어인 사람한테,
접촉을 거절하는 것은 존재 자체에 대한 거부를 뜻하기 때문에 깊은 상처를 받게 된다.
자신은 몸이 피곤해서 성을 거부했지만,
상대방은 존재에 대한 거부로 받아들여 깊은 상처를 받는다는 이야기다.

접촉이 사랑의 언어인 어린 자녀들은 엄마, 아빠한테 엉겨 붙기를 좋아한다. 그럴 때 "애, 귀찮아 죽겠다. 저리 가지 못해!" 하고 밀친다면, 그 자녀는 큰 상처를 받게 된다. '존재의 거부', 즉 '아, 엄마는 날 사랑하지 않는구나. 날 싫어하나봐' 라고 받아들이는 것이다. 그래서 가출 소녀의 90%가 접촉 결핍증에 걸려 있다는 통계가 나오는 것이다.

접촉이 사랑의 언어인 사람들을 위해서는 자주 손을 잡아주고 안아주고 어루만져주는 노력이 필요하다.

그 작은 노력을 통해 내가 사랑하는 사람의 사랑의 그릇이 가득 차면, 그 사랑이 내게로 넘쳐올 것이며 온 가정에도 넘치게 될 것이다.

마더 테레사는 다음과 같이 말씀하고 있다.

우리의 사랑이 특별해야 한다고 생각하지 마십시오. 다만 꾸준하게 사랑하는 것이 중요합니다. 등잔이 어떻게 빛을 내는지 살펴보십시오. 작은 기름 방울들이 끊임없이 공급되는 것을 볼 수 있습니다. 이 작은 기름 방울들이 바로 매일의 삶을 채우는 사소한 것들입니다. 성실한 태도, 친절한 말 한마디, 남을 배려하는 마음, 말을 삼가는 태도, 바라보는 눈길, 말하고 행동하는 것들 말입니다. 그리고 이 작은 것들이 우리의 삶과 만남을 불꽃처럼 타오르게 하는 사랑의 기름 방울인 것입니다.

사랑의 언어

2년 전 어느 봄날, 나와 아내는 저녁에 강의가 있어 충주로 내려가게 되었다. 마침 그곳에는 우리 부부와 함께 가정 사역 프로그램에 참여했던 부부가 있어 조금 일찍 내려가 그 부부를 만나 점심 식사를 하기로 했다.

1년 전 부부 사이에 심각한 어려움이 있어 부부 생활 세미나에 참석했고, 참석해서 은혜를 받고 돌아가며 다시 정말 잘살아 보겠다고 다짐했던 부부였다. 그래서 어떻게 살고 있는지 몹시 궁금했다.

그런데 그 부부를 만나는 순간, 두 사람의 굳은 얼굴과 어색한 표정에서 무슨 일이 있음을 직감했다.

나는 식사를 하기 전, 아내에게 눈짓을 하고는 형제를 밖으로 불러내었다. 그리고 아내는 그 부인하고 이야기를 나누었다.

아내가 부부 몰래 간단히 내게 들려준 이야기는 상당히 충격적이었다. 부부가 큰 싸움을 하고는 6개월 동안 별거를 하다가 우리 부부를 만나기 며칠 전부터 겨우 대화를 하기 시작했다고 했다. 그것도 자녀 문제로 어쩔 수 없이 말을 나누었다는 것이다. 그러나 대화를 시작한 지금도 꼭 필요한 말 외에는 하지 않는다고 했다.

아름답지만 초췌해진 자매의 얼굴에는 이유가 있었다. 미남이지만 굳어진 형제의 얼굴에도 이유가 있었던 것이다.

식사 후 차를 마시며 이런저런 얘기를 나누던 중에 내가 형제에게 슬며시 물었다.

"참, 무슨 기념일 날 아내에게 선물하기가 참 어렵던데 형제님은 어떠세요?"

그런데 그 형제가 대답하기도 전에 옆에 앉아 있던 그의 아내가 큰소리로 말하는 것이었다.

"이이요? 이인 선물이라곤 해본 적이 없어요. 무슨 기념일이 되어도 뭘 사 가지고 오는 법이 없어요."

자매의 목소리는 거의 외치는 것처럼 컸다. 나는 그 자매의 반응에 깜짝 놀랐다.

'아! 그랬구나!' 그렇게 느끼며 내가 무슨 말을 하려는 순간 이었다. 이번에는 그 형제가 소리를 질렀다.

"내가 왜 당신한테 선물을 안 했어? 결혼 1주년 기념일에 서울까지 올라가 선물을 사서 당신한테 주었지. 그런데 당신 어떻게 했어?"

그 형제의 표정을 보니 무슨 나쁜 기억이 있는 게 분명했다.

자초지종을 물으니, 결혼 1주년 기념일에 형제가 서울 모 백화점에 가서 아내를 위해 예쁜 고급시계를 사서 선물했다고 한다. 그런데 자매가 마음에 들지 않아하면서 선물을 받으면서도 시큰둥해하더니, 급기야는 형제에게는 아무 말도 않고 그 다음 날 혼자 서울로 올라가 다른 것으로 바꿔왔다는 것이다.

그 이후 형제는 다시는 아내에게 선물을 하지 않았고, 부부 사이에는 점점 보이지 않는 벽이 생기면서 갈등이 시작되었다.

무엇이 문제였을까? 바로 부부의 사랑의 언어가 서로 달랐다는 것이 그 원인이었다.

아름답지만 개성이 강했던 자매의 사랑의 언어는 선물이었다. 결혼 기념일, 생일 또는 그리고 무슨 축하받을 일이 있을 때 아내는 선물을 통해 사랑을 확인하고 싶었지만, 전혀 선물을 하지 않는 남편 때문에 상처를 받아 그녀의 사랑의 그릇은 메말라 있었다.

미남이었고 글도 잘 쓰며 신앙이 깊었지만 다리를 약간 저는 장애가 있던 형제의 사랑의 언어는 인정이었다.

전문직으로 돈도 제법 벌었고, 신앙에 관한 책을 쓸 정도로 신앙심이 깊은 남편, 주위 모든 사람으로부터 인정을 받고 있었지만 오직 한 사람, 그의 아내로부터는 인정을 받지 못하고 있었기 때문에 그의 사랑의 그릇은 텅 비어 있었던 것이다.

서로의 사랑의 언어를 모른 채, 늘 텅 빈 가슴으로 상처를 주고받던 그들은 결국 별거 상태에까지 이르게 된 것이다.

차라리 서로 대화도 안 하고, 서로 보지 않는 것이 차라리 낫지 않을까 하는 생각이 들었다고 했다.

나는 그 부부에게 사랑의 언어에 대해 설명을 하면서,
자신의 언어로 표현하지 말고
상대방이 이해할 수 있는 언어로
사랑을 표현해볼 것을 권면했다.

형제에겐 다른 사람을 위해서만 글을 쓰지 말고 아내를 위해서 편지 또는 시를 써서 장미꽃 등과 함께 보내볼 것을 권면했다. 자매에겐 형제의 글을 받을 때마다 칭찬해주고, 격려해주고, 깊은 감사를 표해줄 것을 요청했다.

6개월이 지난 어느 날, 내가 그 가정에 전화했을 때 맑고 밝은 자매의 음성을 들을 수 있었다.

"장로님, 저희는 이제 너무 행복해요."

남편의 사랑의 언어를, 아내의 사랑의 언어를 알아차리고 그 언어로 사랑을 표현하기 시작하면서 부부는 가슴속에 있었으나 얼음 상자 속에 갇혀 있던 서로에 대한 사랑을 다시 꽃피우기 시작한 것이다. 당연히 행복을 느끼는 하루하루가 계속되었다.

행복은 먼 곳에 있지 않다. 행복은 어떤 위대한 일을 할 때 주어지는 것이 아니다. 내가 가장 사랑하는 사람이 나의 사랑의 언어로 사랑을 표현해줄 때, 우리는 행복을 느낀다. 인정이 사랑의 언어인 남편에게는 따스한 격려와 진심 어린 인정의 말 한마디가, 선물이 사랑의 언어인 아내에게는 장미꽃 한 송이와 마음이 실린 편지가 행복을 가져다주는 통로였던 것이다.

서로의 사랑의 언어가 다르며, 상대가 원하는 사랑의 언어로 표현해야 상대가 사랑을 느낀다는 사실은 참으로 중요하다.

남자들의 대부분은 인정이 대표적인 사랑의 언어다. 그는 아내로부터 자신이 남편으로서, 아버지로서 최고 점수를 받고 있다고 생각할 때 더 힘을 얻는다. 그는 항상 아내의 멋진 흑기사, 듬직한 보호자가 되고 싶어하며 아내가 그렇게 믿고 있기를 원한다. 그런데 아내로부터 그런 느낌을 받지 못하고, 아내가 자신을 부족한 남편이라고 생각하고 있는 것처럼 보이면 한없이 무력해진다.

후배 중 늦게 결혼한 P라는 사람이 있다. 집안 형편이 어려워 대학 진학도 하지 않고 일찍 직장 생활을 시작해 동생들 공부도 시키고, 결혼까지 시키는 등 가장 노릇하느라 결혼이 늦어진 친구였다. 워낙 성실한 친구여서 뒤늦게 야간 대학도 졸업하고 열심히 삶을 꾸려갔는데, 34세 후반에 만난 열 살 어린 여성과 어렵사리 결혼을 했다.

여자 집에서 반대가 심했는데 사랑하는 마음으로 극복하고 결혼에 성공한 것이다. P는 남은 생을 아내를 사랑하면서 행복하게 살리라 결심하고 열심히 살았다. 그런데 막상 결혼 생활이 시작되자 아내가 많이 힘들어했다.

여전히 집안 형편이 넉넉하지 않았고, 어머니가 결혼한 지 1년도 되지 않아 그만 깊은 병에 걸리고 만 것이다. 아내로선 고

생이 심할 수밖에 없었다. 아내가 얼마나 고생스럽고 힘들지 알고도 남았던 그는 더욱더 아내에게 잘해주고 아내를 위해 할 수 있는 만큼 다하고자 노력했다. 그런데 아무래도 어린 나이 탓인지 아내는 점점 현실을 감당하지 못하겠다고 불평을 하기 시작했다.

P는 아내의 심정을 이해하고 끊임없이 그녀의 투정을 받아주었다. 열심히 기도하면서 아내가 이겨내기를 바랐다. 가끔 나를 찾아와 이야기를 하고 가면서 힘을 얻어가기도 한다고 말하는 그였다.

그런데 어느 날, P는 몹시 침울한 표정으로 나를 찾아와 어두운 목소리로 말을 꺼냈다.

"아무래도 안 되겠어요. 아내를 놓아주어야겠어요. 더 이상은 저도 못하겠습니다. 어쩌면 그녀를 내 곁에 두는 것이 이기적인지도 모르겠다는 생각이 듭니다. 전 정말 제가 부족하지만 그녀의 수호천사가 되어주고 싶었고 그러려고 노력했습니다. 하지만 아내는 그것을 인정하지도 않고 받아들이지도 않아요. 제가 한없이 초라하게 여겨집니다. 그녀에게 아무것도 해줄 수 없고 아무것도 아닌 존재 같습니다. 함께하는 의미가 없어요. 아내에겐 저보다 나은 사람이 필요한 것 같아요."

어찌나 무겁고 심각한 투로 말을 하든지 섣불리 말을 해줄 수 없을 정도였다. 성실하고 늘 조용하던 그의 성격을 아는지라 깊은 상처를 받았다는 것을 알 수 있었다. 천천히 마음을 가라앉힌 다음 왜 그렇게 결론 내렸냐고 물어보았다. P는 한숨을 쉬고는 이렇게 말했다.

"아내는 매일같이 이렇게 말합니다. 자기가 얼마나 고생을 하고 얼마나 많은 일을 하는지 아무도 모른다고요. 이 세상에서 자기의 고통을 아는 사람은 아무도 없고 혼자 버려진 느낌이라고요. 그 말을 들을 때마다 전 몇 번씩 세상이 무너지는 것 같습니다. 제가 그 사람한테는 안 느껴진다는 말이니까요. 모르겠습니다. 제가 하는 노력이 아내에게는 아무것도 아닌지 모르겠지만, 전 아내를 사랑하는 마음에 변함이 없고 아내가 너무나 소중합니다. 그 마음을 어떻게든 표현하려고 무척 애썼습니다. 그런데 자신을 알아주는 사람이 아무도 없다고 느끼다니, 세상에 혼자라고 생각하다니……. 제 자신을 이렇게 무력하게 느낀 적이 없습니다. 아내를 행복하게 해주지 못하는 무능한 남편이니 아내를 놓아주어야겠지요."

P는 남편들이 가질 수 있는 가장 최악의 심리 상태에 놓여 있었다. 자기가 아무것도 해줄 수 없다는 무력감, 그것이 남편들

이 가장 원치 않는, 빠지게 되면 헤어나기 힘든 심리인 것이다.

남자들은 자신이 아내와 가족에게 필요한 존재이고 문제를 해결해줄 수 있는 사람이라고 느낄 때 삶의 의미를 찾고 더욱 힘을 내게 된다. 그리고 반대의 경우에 가장 깊은 상처를 받으며 동기를 잃게 된다.

물론 P의 아내가 무척 힘든 상황에 처해 있음을, 그래서 지쳤음을 짐작할 수 있다. 하지만 P의 마음을 알아주고 좀더 인내하고 남편으로부터 받으려고만 하지 말고 주려고 한다면 상황이 나아지지 않을까 싶었다. 넉넉하지 못한 살림, 병든 시어머니, 자꾸 도움을 청해오는 시동생들, 그의 아내는 그런 상황만 생각하고 남편이 자신을 위해 얼마나 노력하는지는 새겨두지 않은 것이다.

아침마다 아내보다 먼저 일어나 몰래 아침 준비를 해놓는 남편, 가끔 아내의 친구에게 부탁하여 아내를 불러내어 잠시 동안이나마 집을 잊도록 시간을 가지게 하는 남편, 점심값을 아껴가끔 꽃 선물도 잊지 않는 남편. 내가 보기에 P는 아내를 사랑하고 그 사랑을 표현하려고 노력하는 남편임에 틀림없었다.

그런데도 그 아내는 자신이 처한 현실에만 빠져 자신이 받고 있는 남편의 사랑을 느끼지 못하고 있는 것이다. 남편이 아내가 원하는 사랑의 언어를 사용했는데도 말이다. 닫혀 있는 문이었다. 그리고 그 문 앞에서 이제 P는 돌아서려고 하는 것이다.

아내를 위해 남편이 해준 일들을 아내가 고마워하면, 그 순간 남편의 사랑의 그릇은 가득 찬다는 사실을 기억해야 한다. 남자는 여자가 자신을 위해 반드시 무언가를 해야만 사랑을 느끼는 것이 아니다.

남자는 자신이 여자를 위해 한 행동을 여자가 어떻게 받아들이냐에 따라 사랑을 느끼기도 하고 무력감을 느끼기도 한다. 자신의 행동을 인정받고자 하는 것이 남자들의 기본적 욕구이기 때문이다.

상대가 원하는 사랑의 언어로 사랑을 표현하고 속삭여야 하는 것이 무엇보다 중요하지만, 상대가 표현하는 사랑의 언어를 느끼려고 노력하는 열린 가슴 또한 중요하다.

사랑의 비밀

어느 토요일 아침이었다.
그날도 여느 날과 마찬가지로 현관에서 아내의 머리에 손을 얹고 축복 기도를 한 후, 가볍게 포옹을 마치고 현관문을 막 나서려는데 아내의 목소리가 들렸다.

"여보, 당신 참 멋있어요!"

아내의 그 말을 듣는 순간, 나는 형용할 수 없는 이상한 감정이 솟구치는 것을 느꼈다. 갑자기 온몸이 붕 뜨는 듯한 기분 속에서 출근하는 내내 내 입에서는 찬양이 그치지를 않았다. 참으로 신비한 경험을 한 것이다.

결혼한 지 20년이 훨씬 지나서 이런 감정에 빠지다니, 정말 믿어지지 않는 일이었다.

어떻게 이런 일이 일어났을까? 어디서 이 마술 같은 일이 시작되었을까?

곰곰이 생각해보았다.

지난 월요일 아침, 자리에서 일어난 나는 침대를 정리하기 시작했다. 전날 밤에 유난히 힘들어하던 아내가 떠오르며 아내를 좀 도와주어야겠다는 생각이 든 것이다.

신혼 때, 잠시 하고는 한 적이 없던 일을 하자니 귀찮은 생각이 들고 '남자가 뭐 이런 일을 하나?' 싶은 생각도 들었지만, 힘들어하는 아내를 생각하면서 꾹 참고 그 일을 해냈다. 그리고 출근을 하면서 아내의 머리에 손을 얹고 축복 기도를 해주었더니 그날 따라 아내의 얼굴이 유난히 밝아진 것을 느낄 수가 있었다.

그렇게 하기를 나흘, 목요일 아침이 되었고 축복 기도를 한 후 포옹을 하는 나에게 아내는 살짝 안기며 "당신이 이제는 나를 진정으로 사랑하는 것 같아요"라고 말하는 것이었다. 나는 깜짝 놀라서, 아내에게 물었다.

"여보, 갑자기 그게 무슨 말이요? 내가 뭐 이때까지 당신을 사랑하지 않았단 말이오?"

하지만 물론, 기분 좋은 말투였다. 아내는 수줍은 듯한 표정으로 대답했다.

"당신이 매일 침대를 정리해주는 걸 보며 진심으로 날 사랑하고 있구나, 생각했어요. 참 행복해요."

'아니, 뭐라고? 침대 정리에 사랑을 느낀다고?'

아내의 말을 듣는 순간, 웃음이 터져나올 뻔했지만 꾹 참았다. 그리고 많은 것을 생각하게 되었다. 간혹 아내가 나에게 묻던 말도 생각났다.

"여보, 정말 당신 날 사랑해요? 그런데 어쩜 그럴 수가 있어요?"

매일 아침마다 바쁘다는 핑계로 온 집안을 전쟁터처럼 어지럽게 해놓고 허겁지겁 출근하는 내 등에다 대고 가끔 하던 아내의 하소연이었다.

"그럼, 사랑하지, 사랑하고 말고. 그런데 나 바빠!" 하며 그냥 쏜살같이 내빼던 내 모습도 생각이 났다.

'그랬었구나. 난 사랑한다고 말은 하면서도 아내가 그 마음을 느끼게는 못했구나. 아니, 그걸 느끼는지 안 느끼는지 헤아려보지도 않았구나.'

그 다음날인 금요일 아침에는 좀더 일찍 일어나, 침대 정리를 하고는 샤워를 마친 후 화장실을 깨끗이 정리하기 시작했다.

수건 한 장으로 몸을 닦고, 물기를 짠 후 그 수건으로 거울과 세면기, 변기, 바닥의 물기를 모두 닦아내고 다시 물기를 제거한 다음, 세탁기에 정확히 넣어두었다.

그러고 보니 결혼 후 한 번도 샤워를 한 후, 화장실을 닦고 출근한 기억이 없었다. 나 혼자 사는 것도 아닌데 아내와 함께 쓰면서도 아내를 위한 배려는 전혀 하지 않았던 것이다.

다른 사람들과 사용하는 화장실은 깨끗이 정리하면서 집에서는 그럴 생각조차 하지 않은 나 자신이 위선자였다는 생각까지 들었다.

'5분도 안 걸리는 일인데 바쁘다는 핑계로 사실상 아내를 무시한 거구나' 라는 생각이 들자 아내에게 정말 미안한 마음이 들었다.

금요일, 그날은 정말 가장 소중한 것을 깨달은 날이었다.

그리고 그 다음날인 토요일 아침에도 금요일과 마찬가지로 화장실 정리까지 다하고 나와서 출근하는 나에게 아내가 한 말이 바로 "당신 참 멋있어요"라는 말이었다.

나는 운동 신경이 좋아 무슨 운동이든지 잘 해내는 편이었지만 그렇다고 운동을 잘해서 아내에게 멋있다는 소리를 들어본 적은 없었다.

사랑의 언어에는 남녀의 차이도 있지만,
물론 개인의 차이도 있다.
함께 살고 있는 배필의 사랑의 언어가 무엇인지 알고
그것으로 사랑을 표현하려는 노력이 중요하다.

그런데 침대 정리와 화장실 뒷정리해주는 내게 멋있다고 하니, 어찌 보면 기가 막힌 일이었지만 솔직히 그 말을 들으면서 내 가슴속에 아내의 사랑이 가득 차는 것을 느낄 수 있었다.

다음날인 주일 아침, 난 더 일찍 일어나, "오늘은 내가 온 집 안을 다 청소할게요"라고 선언했다. 두 눈을 동그랗게 뜨고 쳐다보는 아내를 뒤로 하고 각 방과 마루를 다 닦고 정리한 후, 커피를 끓여 집에 있는 가장 예쁜 잔 두 개에 담아 거실의 티 테이블에 가지런히 놓았다. 그리고 아침을 준비하고 있는 아내를 정중히 초청했다.

"여보, 나하고 커피 한 잔 하지 않겠어요?"

"네, 갈게요."

그 어느 때보다 부드럽고 밝은 목소리로 대답하며, 거실로 나오는 아내의 모습을 보니 천사가 따로 없었다. 환한 미소를 지으며 다가오는 아내의 모습에는 사랑이 넘쳤고, 난 정말 내 아내가 그렇게 아름다운지 몰랐다.

우리 부부 사이에 사랑이 가득 넘치는 것이 느껴졌고, 온 집 안에도 사랑으로 넘치는 것을 느낄 수 있었다.

그때부터 우리 부부는 제2의 신혼을 맞이하게 되었고, 만나는 사람마다 우리 부부의 모습이 달라졌다는 소리를 했다. 심지

어느 신혼 부부들로부터 우리 부부가 더욱 신혼 부부 같다는 농담을 듣기도 했다.

　무엇이 그렇게 만들었을까?

　그 역시 바로 남녀의 차이를 인정하고 노력한 결과였다.

　남자는 인정과 격려와 칭찬이 사랑의 언어인 반면, 여자는 관심과 염려와 배려가 사랑의 언어라는 사실을 다시 한 번 실감할 수 있었던 경험이었다.

　　　　내가 아내의 사랑의 언어인 깊은 배려로
　　　　　　사랑을 표현하자
　　　　아내의 가슴에 사랑이 가득 차기 시작했다.
　　　아내의 그 넘치는 사랑이 다시 내게로 쏟아져
　　　　　나의 사랑의 언어인 인정하는 말,
　　　　　　"당신 참 멋있어요!"라는
　　　　　표현을 하게 된 것이다.

　사랑의 언어에는 남녀의 차이도 있지만, 물론 개인의 차이도 있다. 함께 살고 있는 배필의 사랑의 언어가 무엇인지 알고 그것으로 사랑을 표현하려는 노력이 중요하다.

상대방이 이해하는 언어로 사랑을 표현해야만 상대방이 이를 이해함으로써 가슴속에 사랑이 가득 차고, 가슴속에 사랑이 가득 찰 때 자신에게 사랑을 채워준 사람의 사랑의 언어로 사랑을 표현하게 된다.

이것이 바로 사랑의 비밀이다.

친밀한 사랑의 조건

어느 교회의 중년 부부들을 위한 부부 생활 세미나에서 있었던 일이다. 참가한 부부들이 일어나 자신을 소개하고 참여한 동기와 바람 같은 것들을 이야기하는 시간이었다.

한 점잖게 생긴 신사가 일어나 인사를 하며 말했다.

"우린 결혼한 지 16년이 된 부부입니다. 우리 부부는 아무런 문제 없이 잘 지내고 있지만, 주위에서 하도 이 프로그램이 좋다고 하고 또 권하기도 해서 참여했습니다."

그러자 그 아내가 이어서 인사를 했다.

"이이는 아무런 문제가 없이 잘 지내고 있다고 하지만, 전 결혼한 지 16년 동안 행복이 뭔지 모르고 살았어요. 늘 긴장 속에서 남남처럼 살아온 것 같아요. 전 이번 세미나를 통해 진정한 부부의 행복이 뭔지 좀 알고 싶어 왔어요."

아내의 이야기를 듣고 있던 남편의 얼굴은 벌겋게 달아올랐다가 나중에는 창백해지고 말았다.

그날 밤 그 부부는 대판 싸움을 하고 말았다고 한다.

"당신 그걸 말이라고 해! 많은 사람들 앞에서 날 망신 주려고 작정했어? 도대체 뭐가 문제야? 내가 바람을 피우길 했어, 남들처럼 술 먹고 늦게 들어오길 했어? 도대체 왜 그러는 거야? 행복이 뭔지 모르고 살았다니, 그 많은 사람들 앞에서 남편을 그렇게 바보로 만드는 사람이 어딨어?"

남편은 계속 아내를 몰아세웠지만, 왜 아내가 많은 사람 앞에서 그런 이야기를 했는지 이해할 수가 없었고 분도 풀리지 않았다.

거의 매일같이 일찍 집에 돌아와 아내와 같이 밥 먹고, 또 TV도 같이 보면서, 흔히들 말하는 한 눈 한 번 팔지 않고 오로지 아내만 바라보며 그렇게 생활했는데, 도대체 뭐가 잘못된 것인지 남편은 도저히 이해할 수가 없었던 것이다.

아내는 몰아세우는 남편 앞에서 아무 말도 하지 않았고, 그 남편은 분하고 창피하기도 해서 그날 밤 한숨도 자지 못했다고 열정적인 사랑은 순식간에 불붙듯이 일어날 수 있다.

헌신적인 사랑도 순간의 결단에 따라 이루어질 수 있다.

그러나 **친밀한 사랑은** 순식간에 이루어지는 것이 아니라, 오랜 시간에 걸쳐 만들어지는 것이다.

한다.

왜 이런 비극이 일어났을까?

사랑에는 세 가지 종류의 사랑이 있다.

첫째 열정적인 사랑, 둘째 친밀한 사랑, 셋째 헌신적인 사랑이 그것이다.

우리의 사랑은 열정적인 사랑에 의해서 그 불이 당겨질지 모른다. 그렇게 열정적인 사랑에 의해 맺어진 결혼은 헌신적인 사랑으로 유지된다. 그러나 우리의 삶을 풍성하게 만드는 것은 친밀한 사랑이다.

열정적인 사랑은 순식간에 불붙듯이 일어날 수 있다. 헌신적인 사랑도 순간의 결단에 따라 이루어질 수 있다. 그러나 친밀한 사랑은 순식간에 이루어지는 것이 아니라, 오랜 시간에 걸쳐 만들어지는 것이다.

우리의 결혼에는 이 세 가지 사랑이 다 필요하지만, 진정한 행복을 누리기 위해서는 특히 친밀한 사랑이 넘쳐야 한다.

그런데 이 친밀감을 느끼는 데 있어서 남녀간에 차이가 있다. 남자는 한 공간 안에만 같이 있으면 친밀감을 느끼는 존재다. 하지만 여자는 느낌과 감정 그리고 생각을 나눴을 때에 비로소 친밀감을 느끼는 존재다.

그 남편의 경우, 일찍 집에 돌아와 같이 밥을 먹고 TV도 같이 보았지만 전혀 대화가 없었다. 그렇지만 남편은 늘 아내와 같은 공간 안에서 생활하고 있었기 때문에 친밀감이 쌓였고, 전혀 문제점이 없다고 생각한 것이다.

그러나 아내는 그것이 스트레스였을 뿐, 그런 일을 통해 전혀 친밀감을 느끼지 못했고 따라서 행복을 느낄 수 없었다.

아내는 밥을 먹을 때, 남편이 "여보, 오늘 식사가 아주 맛있는데, 당신 이거 준비하느라고 힘들었지?", "근데 여보, 당신 안색이 좀 안돼 보여, 무슨 어려운 일이 있어?"라고 물어주기를 바랐다. TV를 보면서도 아내의 느낌과 생각을 좀 물어주거나, 함께 의견을 나누길 원했던 것이다. 그래야만 아내는 친밀감을 쌓아갈 수 있었을 것이다.

경상도 남자들은 퇴근해서 딱 세 마디만 한다는 우스갯소리가 있다.

"아(애)는? 밥 도(줘). 자자."

이런 식의 대화로는 아무리 집에 일찍 들어와 밥을 같이 먹고 TV를 같이 보는 등 함께 있는 시간이 길다 하더라도, 아내는 친밀감을 느끼지 못하고 늘 허전한 마음으로 진정한 행복이 뭔지 모르는 채 살아갈 것이다.

불행하지 않다고 문제가 없는 것은 아니다. 하나님은 우리들이 풍성하고 행복한 삶을 살기를 원하고 계신다. 요즘 노년 이혼, 혹은 황혼 이혼이 급증하고 있다고 한다. 황혼 이혼의 결정적인 이유는 친밀감의 결여다.

자녀들을 다 떠나보내고 난 후,
부부 사이에 친밀감이 없으면 정말 살기가 힘들다.
그런 친밀감은 하루아침에 쌓이는 것이 아니다.
오랜 세월 고운 정, 미운 정을 통해 쌓이는 것이며,
부부의 삶을 행복하게 만드는 가장 중요한 요소다.

대화경화증을 막으려면

　　　　　　　　대학 다닐 때부터 친하게 지내는
친구 부부가 있었다. 아내도 그 친구의 아내와 잘 알고 지내는
사이였다.

　그런데 친구의 아내가 어려운 형편에서도 알뜰하게 살림을
해내고, 시동생까지 다 장가보내 좀 살 만하다 싶으니 갑상선
이상으로 그만 아깝게 세상을 떠났다. 그 친구는 커가는 아이들
때문에 드디어 재혼을 결심하고, 새로 아내가 될 사람을 친구들
에게 소개했다.

　그 모임을 마치고 집에 들어온 나는 아내에게 말했다.

　"여보, 그 친구 있지, 이제 재혼한대요. 아마 6년 만인가봐."

　그런데 내 말이 끝나기가 무섭게 아내는 대뜸 "당신 같으면

아마 1년도 안 돼서 재혼했을 거예요" 하고 말하는 게 아닌가.

그 말을 듣는 순간, 가슴속에 분노가 치밀어올랐다. 어떻게 그런 황당한 말을 서슴없이 하는지, 내가 한 말에 대꾸할 말이 그것뿐인지 어이가 없었다.

"뭐? 1년도 안 돼서 재혼한다고? 1년 좋아하네, 왜 1년씩이나 기다려. 여자가 쌔고 쌨는데 말이야. 난 6개월도 안 돼서 재혼할 거요!"

분을 삭이지 못하고 나는 결국 그런 폭언을 하고 말았다. 결국 우리 부부는 크게 싸웠고 난 방문을 쾅 닫고 방으로 들어가버렸다.

'도대체 이 여자가 날 어떻게 생각하는 거야!'

도저히 기분이 나빠서 참을 수 없었고, 아내하고는 말이 통하지 않으니 차라리 입을 다물고 있자고 다짐을 했다. 그로 인해 우리 부부는 한참 동안 냉전에 들어가게 되었다.

그러던 어느 날, 한 신혼 부부의 남편이 내 아내와 상담을 하기 위해 찾아왔다. 나도 옆에서 그 남편의 이야기를 들었는데, 그는 연신 이

아내는 남편이 사실과 정보를 나누는 대화를 원한다는 것을 이해하고 맞장구쳐주는 지혜가 필요하고, 남편은 아내가 느낌과 감정, 생각을 나누길 원한다는 것을 이해하고 거기에 맞춰 대화하는 게 좋다.

그 남자가 원하는 여자, 그 여자가 원하는 남자

해할 수 없다는 표정이었다.

"권사님, 우리 아내가 그렇게 형편없는 여자인 줄 몰랐어요. 아, 글쎄, 어느 교회에서 수련회를 갔는데 그만 사람들이 물에 빠져 죽었다는 기사를 읽고 그것을 제 아내에게 말했더니, 아내가 대뜸 '자기야, 자기 엄마하고 나하고 물에 빠지면 누구 먼저 건질 거야?' 하고 묻는 게 아니겠어요. 도대체 대학원까지 나온 여자가 그렇게 형편없는 질문을 하다니. 정말 이해할 수가 없어요. 여자는 원래 그러는 거예요, 권사님?"

그 말을 들으면서 다시 우리가 싸웠던 그날이 생각났다.

그래, 도대체 여자들은 왜 그럴까?

아내가 형편없어 그런 질문을 하는 건 절대 아니다. 다만 남녀의 차이에서 빚어진 일일 뿐이다. 대화의 패턴에 있어서도 남녀가 다르다는 것을 나도, 그 남편도 파악하지 못한 것이다. 그래서 아내가 형편없으니 말도 하지 말자고 생각한 것이다.

남자는 사실과 정보를 이야기(report talk)하지만, 여자는 감정과 느낌을 이야기(rapport talk)한다. 나나 신혼의 그 남편은 사실을 이야기했고, 내 아내나 신혼의 아내는 느낌을 이야기하고 생각을 나누고 싶어한 것뿐이다.

상담하러 오는 부부들 중 아내들의 불만 가운데 가장 자주 등장하는 의견이 "이이는 내 말에 전혀 귀기울이지 않아요. 대화 하자고 하면 그래, 하고서는 그냥 건성건성 들어요"라는 것이 다. 그러면 또 남편들은 당장 반발하고 나선다.

"무슨 말이야? 항상 잘 듣고 있어. 당신이 한 말을 그대로 외울 수도 있어."

남편들은 '내 말에 귀를 기울이지 않는다'는 아내의 말조차 말 그대로 해석한 것이다. 남편들은 아내가 한 말을 그대로 기억할 수 있다는 사실을 증거로 아내 말을 열심히 귀기울여 들었다고 주장한다.

하지만 그건 잘못된 주장이다. 여자는 남자와 달리 사실과 정보를 이야기하기보다 감정과 느낌을 이야기하는 경향이 훨씬 강하다는 사실을 안다면 '귀기울이지 않는다'는 말이 무슨 뜻인지 알 수 있을 것이다. 여자는 그 이야기를 하는 자신의 기분과 상태에 남자가 관심을 가지고 이해하고 공감해주기를 바라는데, 남자가 그렇지 않을 때 '귀기울여 듣지 않는다'고 말한다.

아내가 '1년도 안 돼서 재혼했을 것'이라고 말했을 때 나는 그 말을 액면 그대로 해석하여 기분 나빠했지만 아내는 그 말이 전부가 아니었다. 남편 친구의 재혼 소식을 전해들었을 때 아내는 많은 생각을 하게 되었고, 그 심정을 그렇게 표현한 것뿐이다. 같은 여자 입장에서 먼저 간 그 부인에 대한 연민, 유한한 삶을 사는 우리 자신들에 대한 막연한 불안함, 그리고 나의 사랑을 확인하고 싶은 마음 등을 그리 표현한 것인데 나는 그 1년이란 말 자체에만 매달려 기분 나빠했다. 감정과 느낌을 얘기하는 아내의 언어를 이해하지 못한 것이다.

그 신혼의 아내도 죽음이라는 극한 상황에서 남편의 사랑을, 그러니까 사랑의 깊이를 확인하고 싶었던 것이지 정말로 말처럼 시어머니와 자신 중 누굴 구하겠냐고 물은 것이 아니다. 그 남편도 아내의 감정이나 느낌을 이해하지 못한 것이다.

대화는 결혼 생활에 있어서 혈관과도 같은 것이다. 혈관이 막히면 동맥경화증이 유발되고 각종 성인병에 걸린다. 마찬가지로 대화가 막히면 대화경화증에 걸리고 가정에 각종 질환이 찾아와, 가정은 서서히 그 기능이 마비되기 시작한다.

몸의 건강이 혈관의 건강 여부에 달려 있듯이, 가정의 건강도 대화의 건강 여부에 달려 있다. 대화경화증을 사전에 예방하기 위해 우리는 대화에 있어서 남녀의 차이점을 인정하고 용납하며 이해해야 한다.

아내는 남편이 사실과 정보를 나누는 대화를 원한다는 것을 이해하고 맞장구쳐주는 지혜가 필요하고, 남편은 아내가 느낌과 감정, 생각을 나누길 원한다는 것을 이해하고 거기에 맞춰 대화하는 게 좋다.

일반적으로 아내들이 "우리 남편은 저와 대화가 없어요" 하고 호소하는 것은, 말이 없다기보다는 "느낌과 생각과 감정을 나누는 대화를 하지 않고, 늘 사실과 정보를 주고받는 대화만 한다"는 불평일 때가 더 많다.

짧은 시간일지라도 질 높은 대화, 감정과 느낌이 실려 있는 풍부한 대화를 하는 길, 그것이 대화경화증을 예방하는 길이다.

5장 ♂≠우

혼자이고 싶은 남편, 함께이고 싶은 아내

회사를 다닐 때였다.

여러 가지 복잡한 일에 매우 지쳐서 하루는 좀 일찍 퇴근을 했다. 회사를 그만두고 독립해야 할 때가 아닌가 하는 생각에 머리가 여간 복잡한 게 아니었다.

몸을 담고 있는 회사의 자금 사정도 별로 신통치 않았으며, 이곳저곳에서 오라는 이야기도 있었고, 새로 사업을 시작하자는 제의도 있었다. 하지만 어려운 회사를 뒤로 하고 나만 혼자 훌쩍 떠날 수도 없고 해서 점점 스트레스가 쌓여가고 있었다.

그래서 그날은 좀 쉬면서 생각을 정리해야겠다고 마음먹고 집에 일찍 들어갔다.

"다녀오셨어요? 오늘은 일찍 오셨네요. 마침 저녁 준비가 다되었으니 빨리 씻고 저녁 드세요."

아내의 인사도 듣는 둥 마는 둥, 나는 그냥 방으로 들어가 침대에 벌렁 드러누워버렸다.

잠시 후 내가 움직이는 기척이 없자 아내가 방으로 들어왔다.

"여보, 뭐 하고 있어요? 왜 그래요? 어디 아파요?"

아내가 옆에 앉았는데 난 눈도 뜨지 않았다.

"회사에서 무슨 일이 있었어요?"

아내는 그때부터 이것저것 묻기 시작했다. 나는 눈을 감고 가만히 있다가 계속되는 아내의 성화에 그만 짜증을 냈다.

"여보, 잠시 날 좀 그냥 놔둘 수 없소?"

아내는 몹시 서운한지 아무 말도 하지 않고 조용히 방문을 열고 나갔지만, 나는 그때부터 약 30분간을 그대로 누워 있었다. 그러다가 일어나 옷을 갈아입고 씻은 다음 거실로 내려갔다.

아내는 생각보다 편안한 얼굴이었다. 서운한 감정을 푼 모양이었다. 하지만 나를 보자 또다시 물었다.

"여보, 어디 아파요?"

"아니, 아무렇지도 않아요. 아까는 미안했소. 난 그냥 잠시 쉬고 싶었을 뿐, 별일 없어요."

나는 가능한 한 태연한 말투로 말했다. 하지만 아내는 이해가 안 된다는 듯 계속 의혹의 눈길로 나를 바라보며 이것저것 물었다. 하지만 나는 한결같이 아무 일도 없다고 대답했다.

그 정도의 일은 사회 생활을 하다 보면 늘 닥치는 일이니까 그렇게 심각한 일도 아니라고 생각했던 것이다. 그런데 그것은 아내를 이해하지 못한 처사였다.

얼마 전에 결혼한 지 1년도 채 안 된, 한 자매가 찾아와 상담을 요청했다.

"장로님, 요즈음 제 남편이 이상해진 것 같아요."

"왜요, 무슨 특별한 변화가 있습니까?"

"아니, 그전엔 그렇게도 나 좋다고 곁에 붙어다니던 남편이 갑자기 어느 날부터인가 거리를 두는 것 같아요. 회사에서 돌아와도 방에 틀어 박혀 나오지를 않아요. 밥을 먹으라고 해도 대꾸도 안 하고요. 어떤 날은 집에 돌아와서 저를 쳐다보지도 않고 신문만 읽을 때도 있어요. 제가 옆에서 계속 말을 붙여도 '응, 응, 알았어' 그런 말만 되풀이하고요. 그이가 그러니까 이상한 생각이 다 들어요. 뭔가 있는 거 아닐까요? 왜 그러는지 모르겠어요."

그 자매는 남편의 마음이 혹시 다른 곳에 가 있을까 봐 걱정하는 것 같았다.

"다른 때는 어떻습니까? 회사에서 돌아오거나 어떤 모임에 다녀와서 그러는 경향이 더 심하지 않던가요?"

"네, 생각해보니 그런 것 같아요."

"그럼 보통 저녁 식사를 하고 난 후라든가, 좀 시간이 지나면 어떻습니까? 그때도 계속 그런 현상이 지속되던가요?"

"좀 나아지는 것 같아요. 그런데 그땐 제가 기분이 상해 있어서 대화가 잘 안 돼요. 그래서 서먹서먹한 채로 그냥 나갈 때가 많지요."

왜 이런 일이 일어날까? 역시 남녀의 차이 때문이다.

남자는 어떤 일이 발생하거나 그 일을 마치면 잠시 자신만의 공간을 갖기 원한다. 그 공간을 통해 생각을 정리하며 에너지를 충전하기를 원하는 것이다. 그래서 남자들은 회사에서 지친 몸을 이끌고 돌아오면 잠시 혼자서 생각을 정리하며, 에너지를 재충전받기 위해 자기만의 공간을 찾아 들어가 혼자 있거나, 거실에 앉아 아무 말하지 않고 신문을 읽고 있는 것이다. 이때는 아마 신문을 읽고 있는 것이 아니라 자신을 읽고 있는지도 모른다.

그러나 여자는 언제나 어떤 상황에서든 밀착하기를 원한다. 무슨 일이 있거나 어떤 일이 끝나고 나면, 그 일에 대해 바로 정리하기를 원한다. 그것도 가까운 이와 함께 대화를 하면서 말이다. 그래서 회사에서 돌아온 남편에게 바로 묻기 시작한다.

"여보, 오늘 어땠어요? 뭐 재미있는 일 없었어요? 여보, 우리 애가 오늘 학교에서 수업 시간에 딴 짓 하다 들켜서 선생님한테 혼났대요. 애가 울고 왔어요. 애가 집중을 못하나봐요. 어떻게 하면 좋지요?"

하루 동안 있었던 일을 봇물처럼 남편에게 털어놓는다.

그때 대부분의 남편들은 그 현장에서 잠시 도망가기를 원한다. 그래서 "여보, 잠시 날 좀 그냥 놔둘 수 없소?" 하는 것이다.

그리고 잠시 동안 혼자만의 시간과 공간을 통해서 에너지를 충전받은 남편은 일상으로 돌아온다. 마치 아무 일도 없었던 것처럼 돌아와 아내를 대하기 시작한다. 하지만 그때 아내는 이미 밀착하려다가 거부당한 것 때문에 마음이 상해서 접근해오는 남편을 거부하게 된다. 이런 악순환이 계속 반복되면서 부부 사이가 점점 멀어지는 것이다.

아내는 남편이 가끔씩 혼자만의 시간을 갖고 싶어하는 존재라는 사실을 잊지 말고 그러한 특성을 인정해야 한다. 결혼을 했으니 그런 기질을 버리고 항상 아내와 함께 의논하고 이야기하고 풀어나가라고 강요하면 안 된다. 그리고 남편이 자기 혼자 있고 싶어할 때 대부분의 아내들이 빨리 남편을 평상시의 남편으로 만들고 싶은 마음에 도와주려고 하는데, 그러한 도움조차 시기상 소용 없음을 알아야 한다. 오히려 역효과를 낼 뿐이다.

또한 남편의 기분을 풀어주고 보살펴주려고 애쓸 필요도 없다. 남자는 자기가 필요한 시간만큼 혼자 있으면서 스스로 정리를 해야 제자리로 돌아오고, 또 돌아오면 그전만큼 아니 오히려 더 친밀감을 표현하니 그때를 기다릴 줄 알아야 한다.

기다리는 방법에도 지혜가 필요하다. 아내가 턱 괴고 앉아 기다리고 있는 것을 느끼면 남편은 혼자만의 공간에서 빨리 벗어나지 못한다. 오히려 남편을 잊고 아내 스스로 다른 일을 하고 있을 때, 예를 들어 친구와 시간을 보내거나 취미 생활에 몰두하면 남편의 부담이 줄기 때문에 빨리 정리를 마칠 수 있다.

물론 여자의 속성상 남편이 마음 상해 있거나 고민에 빠져 있는데 혼자 모르는 척 즐기는 것이 쉬운 일은 아니지만 그렇게 해야 한다.

문제가 생기면 혼자 있고 싶어하는 남편의 특성을 이해한다면, 남편이 자신의 접근을 차단했다고 해서 마음에 상처를 입어 다시 친밀함을 표현하는 남편을 거부하지 않을 것이다. 그것이 바로 부부의 사랑을 성숙시키는 일이다.

남편 역시 마찬가지다. 남편은, 아내는 기분이 나쁘거나 무슨 문제가 있을 때 남편이 걱정하고 함께 해결하려고 노력해주기를 바란다는 것을 기억해야 한다. 물론 남녀의 욕구가 다르니 서로 이해하기가 쉬운 일은 아닐 것이다.

남자는 공간을 원하고 여자는 밀착하기를 원한다는 남녀의 차이를 서로가 이해하고 있다면, 부부 사이에 생길 수 있는 많은 갈등을 해소하거나 줄일 수 있다.

서로에 대한 무지가 갈등을 일으키는 큰 원인이다.

서로를 알고 이해하는 일, 이것이 사랑의 시작이다.

즉흥적인 남편, 계획적인 아내

　　　　　"여보, 다음주에 삼일 정도 쉰다면서요?
어떻게 할 거죠?"

　여름 휴가 날짜가 잡히자 아내가 내게 물었다.

　"음, 모처럼의 휴간데, 어디 가서 좀 쉬었다가 오면 어떻겠
소? 동해안 쪽으로 가볼까, 아니면 남해안으로 가볼까?"

　내 말에 아내는 정색을 하며 진지하게 말했다.

　"여보, 이번에는 계획을 잘 세워서 재밌게, 구경도 제대로 좀
하고 오도록 해요, 네?"

　아내가 내게 요구하는 것은 여행을 가기 전 구체적인 계획을
세워달라는 것이었다. 사실 그런 요청을 할 만도 했다. 여행이
라고 떠날 때마다 나는 번번이 아무 계획 없이 떠나 현지에서 항

상 고생을 했고, 그러다 보니 언제나 즐기는 여행과는 거리가 멀었다.

"알았소. 이번에는 치밀하게 계획을 세워보도록 하지."

돌이켜보니 난 일에 쫓겨 계획을 세울 시간을 낼 수가 없었다. 아니, 솔직히 말하면 나는 그런 일은 그냥 닥쳐서 하는 것이 훨씬 재미있고 수월하며 흥분이 되는 터라, 대충의 계획만 마음속에 세워놓고 그냥 "출발!" 하고 떠나곤 했다. 그 때문에 아내와 다툰 적이 많았기에 이번에는 아내가 계획을 잘 세워달라고 신신당부를 했던 것이다.

"여보, 잘 계획하고 있지요?"

중간중간 아내가 의심스러운 눈으로 물어올 때마다 나는 "그럼, 걱정 말아요" 하고 대꾸하며 아내를 안심시켰다.

그러나 역시 아무런 대책을 세우지 못한 채, 떠나는 날이 오고야 말았다.

막상 떠나는 날 아침, 역시 아무것도 준비한 것이 없는 것을 알자 아내는 외마디 소리를 지르고 말았다.

"난 안 갈 테니, 당신 혼자 다녀오세요. 아니, 여행을 떠나면서 이렇게 하나도 준비도 안 하고 무슨 여행이에요? 제가 그렇게 부탁했는데, 당신 혼자 다녀오세요."

그러면서 정말 가지 않을 태세였다.

"여보, 다 할 수 있으니 걱정 말고 날 믿고 떠나요. 계획이 뭐 그리 중요해요. 가서 재미있고 유익하게 보내면 되는 거지. 실제로 여행은 또 그렇게 훌쩍 떠나는 것이 더 즐겁지 않소? 자자, 그러지 말고 갑시다. 내가 이번에는 재미있게 해줄 테니까."

나는 아내를 달래기 시작했다. 그러자 아내는 조금은 풀린 듯 "그럼, 도대체 어디로 가겠다는 거예요?" 하고 물었다. 최소한 행선지는 정하고 출발해야 하는 거 아니냐는 요청이었다. 모르겠다고 하면 또 실망할 거 같아서 나는 "자자, 가보면 알아요. 어서 출발합시다"라고 둘러댔다.

"정말 행선지는 정해놓은 거예요?"

"그럼. 자, 시간 아까우니 어서 갑시다. 이번 여행은 진짜 멋지게 보냅시다."

나는 아내를 겨우 달래 집을 나설 수가 있었다.

좌석에 앉고서도 아내는 마지못한 표정이었고 나는 "자, 우리 함께 남해안으로 가봅시다" 하면서 제법 확신에 찬 목소리로 말했다.

그러나 막상 강북 강변로에 들어서면서 이렇게 묻고 말았다.

"여보, 우리 어디로 가는 것이 좋겠소? 충무로 갈까, 여수로 갈까? 아니면, 거제도 쪽으로 갈까?"

그런 나를 바라보며 아내는 포기했다는 듯 애원하는 투로 이렇게 말했다.

"여보, 제발 준비 좀 해서 떠나면 안 돼요? 어떻게 이렇게 갈 수가 있어요? 우리가 무슨 십대들도 아니고."

"그래, 여보 알았어. 다음 번에는 꼭 잘할게. 미안해!"

그러나 결국 목적지는 남해안이 아닌 동해안으로 결정되었고, 여행 중 아내는 종종 나의 무계획성 때문에 난감한 일을 겪으면서 한심하다는 듯 어이없어하기도 했지만, 그런 대로 즐거운 여행을 마칠 수 있었다.

왜 일상이 아닌 여행 같은 즐거운 놀이에서조차 부부 사이에는 문제가 생길까.

이유는 나와 아내가 일을 준비하고 처리하는 과정이 다르다는 데 있다.

나는 늘 주장하는 바가 은혜에 따라 하자는 것이고 아내는 철저히 준비해야 한다는 것이다. 내게는 계획 없이 여행을 떠나는 것이 전혀 문제가 되지 않았다. 가다가 피곤하면 쉬기도 하고, 또 중간에 계획을 바꿔 다른 곳으로 가기도 하고, 그런 것을 오히려 즐기는 편이다.

그러나 아내는 전혀 달랐다. 아내는 출발 전부터 모든 계획이 완벽히 서 있어야 했다. 준비물을 챙기는 것부터 나하고 달랐다. 준비물을 수첩에 꼼꼼히 적어 하나하나 체크하면서 빠뜨리는 것이 없도록 세심하게 챙겼다.

나는 가져오지 못한 것이 있으면 가다가 사면 되고, 여행 일정도 그때그때 정하면 된다고 생각했다. 하지만 아내는 몇 시에 출발해서 점심은 어디에서 먹고, 어디 어디를 들러 잠은 어디서 자고, 또 몇 시에 일어나고, 이렇게 모든 행동에 시간표가 있어야 편하고 그 시간표대로 움직여주면 아주 기뻐하는 사람이다.

여행을 할 때만 그런 것이 아니다. 일상 생활에서도 아내는 외출할 때면 늘 정확한 시간표가 있어 몇 시에 출발해서 어느 길로 갈 것이냐를 정하고 출발한다.

아내의 경우에는 출발 전에 올림픽대로를 타고 경부고속도로를 지나 대전으로 간다는 그림이 다 들어 있고, 꼭 그렇게 해야 하는 것이다.

차를 타면 아내가 내게 꼭 묻는 것이 있다.

"여보, 어디로 갈 거지요?"

그때마다 나는 간단히 대답한다.

"응, 사정을 봐서 갑시다."

"여보, 어디로 갈 거지요?"
그때마다 나는 간단히 대답한다.
"응, 사정을 봐서 갑시다."

내 생각에는 어디로 가는 것은 전혀 중요하지 않다. '목적지까지 무사히 가면 됐지. 어디로 가는 것이 뭐가 그리 중요하냐?'는 것이 내 생각이다. 그래서 그렇게 모든 것에 계획을 세우고 계획대로 움직이려는 아내를 이해할 수 없었고, '이 사람은 왜 이렇게 융통성이 없나? 꽉 막힌 사람 아닌가?' 하는 생각이 들어 답답하고 힘들었다.

그러나 아내는 아내대로 무엇이든 즉흥적으로 해결하는 나를 이해할 수 없었고, '이 사람은 왜 이렇게 계획성이 없나? 대책이 없는 사람 아닌가?' 하는 생각이 들어 답답하고 힘들었다고 한다.

그래서 아내가 내게 자주 하는 말이 "당신 참 대책 없는 사람이네요"였다.

아내는 시간 약속을 할 때도 3시면 3시, 4시면 4시지만 나는 3시에서 3시 반 사이, 아니면 3시쯤이라는 말을 잘한다.

그랬다. 아내는 판단형이었고
나는 인식형의 사람이었다.
아내와 나의 차이를 알고 그것을 인정하기까지
짧지 않은 시간이 필요했고 그 과정에서

갈등도 있었지만, 결국 우리 부부는
서로가 다르다는 것을 인정하고 이해하기 시작했다.

상대가 생각하고 반응하는 법이 나랑 같을 것이라는 착각은 갈등의 불씨를 키우는 일이다. 부부니까 같아야 한다는, 그래서 어느 한쪽이 다른 한쪽을 닮아가야 한다는 생각은 잘못이다. 이런 생각 때문에 많은 남편이 또 많은 아내가 상대를 자기가 원하는 방향으로 변화시키려고 노력한다.

하지만 그런 노력은 부부 생활을 행복하게 만드는 데 아무런 도움이 되지 못한다. 오히려 그런 노력을 하느라 힘들고, 그 노력에 성과가 없기 때문에 지치고, 다툼만 생길 뿐이다.

남편이나 아내가 자신과 다른 타입이라 해서 자신의 마음에 들도록 고치겠다는 생각은 하지 않는 것이 좋다. 대부분 자신의 마음에 드는 쪽으로 고치는 것을 상대를 발전시키는 것이라 생각하는데 그런 식의 발전을 원하는 상대는 없다.

혹 남편이나 아내를 위해 자신의 어떤 부분을 바꾸고 싶은 마음이 든다 하더라도, 그것은 사랑에 의해서 가능하지 상대가 자신의 본래 모습을 거부하고 다른 모습으로 변하기를 바라는 요구에 의해서가 아니다.

"아무리 말을 해도 그는 바뀌지를 않아요. 더 이상 해볼 도리가 없어요."

남편이나 아내가 자신의 말을 듣지 않고 계속해서 자신이 싫어하는 행동을 한다면 그것은 남편이나 아내가 자신의 사랑을 느끼지 못하기 때문에, 자신으로부터 사랑받지 못할까 봐 잘못을 인정하기 두려워서라는 사실을 기억해야 한다. 오히려 내가 원치 않는 행동을 거듭하는 그를 용서할 때 그는 스스로 변화해야겠다는 생각을 하게 된다.

"나는 당신이 원하기 때문에 나를 포기했어요. 당신이 원하기 때문에 희생하고 있어요"라고 말하며 상대의 희생을 바라는 것 역시 효과를 거두기 어렵다. 왜냐하면 그렇게 하면 남편은 (혹은 아내는) 배우자가 자신에게 강요하고 있다고 느끼기 때문이다.

변화는 강요에 의해서 이루어지는 것이 아니라 서로의 차이를 인정하고 이해하는 데서부터 시작된다는 사실을 잊지 말아야 한다.

서로의 차이를 인정하게 된 지금, 우리 부부는 얼마나 그 차이를 즐기고 있는지 모른다. 여행 계획은 아내가 짜고, 나의 즉흥적인 제안으로 중간중간 유유자적한 변화의 과정을 함께 즐기고 있다.

외향적인 남편, 내향적인 아내

나는 친구들을 참 좋아해서 집으로 초청하길 즐기는 편이다. 집안은 좀 북적이고 사람이 드나들어야 한다는 것이 평소 나의 지론이었다.

조금 조용한 성격인 아내와 결혼한 후에도, 나는 친구들을 집으로 초대하거나 친구들의 모임에 아내를 자주 동반했다.

나는 물어볼 것도 없이 아내가 그런 일들을 좋아하리라 믿었다. 더구나 아내는 학교 선생님으로 직장 생활을 하고 있으므로 당연히 문제가 없으리라 확신했다.

친구들이 다녀간 후, 조금 힘들어하는 아내를 보며 나는 '음식을 준비하고 치우는 것이 좀 힘들었나보구나. 내가 좀 도와주면 되겠지' 하고 생각하며 넘어가곤 했다.

그러던 어느 날, 친구들이 다 돌아가고 난 후에 아내가 정색을 하며 말하는 것이었다.

"여보, 이젠 정말 친구들 좀 그만 부를 수 없어요?"

내 입장에선 예상치 못한 말이라 꽤 당황스럽고 기분이 나빴다.

"아니, 뭘 그렇게 자주 불렀다고 그래? 한 달에 한 번 정도 하는 일이 그렇게 힘들어?"

그렇게 퉁명스럽게 내뱉으며 어질러진 식탁을 치우기 시작했다. 내가 치우고 만다는 식이었다.

'다른 집 아내들은 잘도 한다는데, 뭘 이 정도 가지고 그래?'

그릇들을 치우면서 나는 점점 못마땅한 생각이 들었다. 그래서 아내와 더 이상 이야기할 생각도 갖지 않았다. 아내도 아무 말도 하지 않았다. 내 말이 옳으니 할 말이 없지 싶었지만 사실은 그게 아니었다. 아내는 자신을 이해 못하고 무조건 자기 식으로만 해석하는 남편하고 논쟁하기 싫었던 것이다.

그후 친구들과 어울려 무슨 모임엘 다녀와도 아내는 힘들어 했다. 그것이 느껴졌지만 나는 아무 내색도 하지 않았다. 뭐가 그리 피곤한가 싶을 뿐이었다.

그런데 어느 날 밤, 그날도 부부 동반 모임이 있었는데 집으로 돌아온 아내가 다시 내게 제안을 했다.

"여보, 이제 다음부터는 당신 혼자 나가요. 당신은 웬 모임이 그렇게 많아요? 난 정말 지쳤어요."

"아니, 그걸 말이라고 해. 부부 모임인데 나 혼자 가라고? 알았어, 안 가면 될 거 아니야!"

나는 기분이 좋지 않아 그렇게 대화의 싹을 잘라버렸다. 그리고 속으로 '남들은 같이 못 다녀서 안달이라고 하는데, 저 사람은 저렇게 사교성이 없어서 어떻게 하지. 혹시 성격적으로 무슨 결함이 있는 거 아냐?' 하는 생각을 했다.

하지만 곧 그 일을 잊고 똑같은 생활을 이어갔다.

그러다가 여름 휴가 때였다. 모처럼 휴가를 가게 되어 계획을 세우기 시작하면서 내가 아내에게 물었다.

"이번 휴가 때는 누구네와 함께 갈까?"

그러자 아내는 참 어이없다는 표정을 지었다. 그러면서 한참 가만히 있는 것이었다. 난 영문을 몰라 왜 그러냐고 물을 뿐이었다.

"여보, 휴가는 우리 가족끼리만 가면 안 돼요? 그렇게 항상 다른 식구랑 함께 가야 하나요? 언제 우리끼리만 가본 적이 있어요? 다른 사람들과 함께 다니는 것이 당신은 그렇게 좋아요?

사람들을 만나면 만날수록 에너지를 취하고
더욱 활기가 넘치는 사람은 외향적인 성격이다.
그런데 사람들을 만나면 만날수록
에너지를 빼앗기고 활기를 잃고 지치고 힘들어하는
사람은 내향적인 성격이다.

난 우리 가족만의 시간을 갖고 싶어요. 이번에도 다른 사람들하고 같이 가고 싶으면 우린 안 갈 테니 그 친구들 가족하고 다녀오세요."

그렇게 말하고 아내는 눈을 내리깐 채 한숨을 내쉬었다.

난 속으로 '아, 이 여자는 참 곤란한 여자로구나. 왜 이렇게 폐쇄적일까?' 하고 생각했을 뿐 아무런 대꾸도 하지 않았다. 하지만 그렇게 생각할 일이 아니라는 것을 나중에서야 깨달았다.

아내를 폐쇄적이라고 판단한 것은 나를 기준으로 보았을 때이다. 아내의 생각이나 정서를 내 관점으로만 보고서 잘못되었다고 단정짓고, 나만 옳다고 생각하기 때문에 아내를 이해하려는 노력을 하지 않은 것이다.

만약 우리 부부가 계속해서 이렇게 평행선을 달렸다면 문제는 꽤 심각해졌을 것이다. 나와 아내는 다른 것뿐이지 누가 옳고 누가 더 나은 것이 아니었다.

왜 아내는 다른 사람들과의 모임을 불편해하고, 반대로 나는 사람들과 어울려 지내는 것을 좋아할까? 이것은 성격의 차이다.

나는 외향적인 성격이고, 아내는 내향적인 성격이다. 이러한 구분은 적극적이냐 소극적이냐를 가지고 나누는 것이 아니라 에너지의 흐름을 가지고 나누어야 한다.

사람들을 만나면 만날수록 에너지를 취하고 더욱 활기가 넘치는 사람은 외향적인 성격이다. 그런데 사람들을 만나면 만날수록 에너지를 빼앗기고 활기를 잃고 지치고 힘들어하는 사람은 내향적인 성격이다.

사실 아내는 모임의 준비와 뒤처리로 힘들기도 했지만, 매번 잘 모르는 사람들과의 만남 속에서 에너지를 빼앗기며 지치고 힘들어했던 것이다. 반면에 나는 모르는 사람들과도 잘 어울리며 그들로부터 에너지를 얻어 더욱 충만해져 돌아온다.

내향적인 사람들은 소수의 친한 사람들과 깊은 관계를 맺고, 그렇게 친한 사람들과 만나는 것에는 전혀 문제가 없다. 그러나 잘 모르는 사람들과 만나면 어색하고 힘들어하며, 에너지를 빼앗겨 지치게 된다.

금슬이 좋아 보이는 한 부부가 있었다. 남편은 아주 건실한 직장인이었고, 아내는 약사였다. 남들이 부러워하는 그런 모범적인 가정을 이끌어가고 있었고 둘 다 신실한 사람들이라 주위의 칭찬도 자자했다.

어느 날, 그 형제를 우연히 만나 내가 물었다.

"요즘 어떻게 지내세요? 두 분 다 충만하시지요?"

그런데 그 형제가 뜻밖의 대답을 했다.

"아니오, 장로님. 요즘 좀 힘드네요. 그렇지 않아도 장로님 만나면 한번 여쭤볼까 했는데……."

그래서 우리는 가까운 커피숍으로 자리를 옮겨 이야기를 시작했다.

약사인 아내가 직장을 종로 5가에 있는 큰 약국으로 옮기면서 활력을 잃어가고 힘들어하더니, 요즘은 짜증을 잘 내서 자기도 힘들다는 고백이었다.

애기를 들어보니, 그의 아내는 아주 내향적인 성격이었다. 외향적인 남편을 만나 사는 것도 쉬운 일이 아닌데, 직장마저 대형 약국으로 옮긴 후로 모르는 많은 사람들과 상대하면서 스트레스를 받다 보니 결국 웃음을 잃어버렸던 것이다.

요컨대 하루 종일 에너지를 다 빼앗기고 완전 파김치가 되어 집에 돌아오면 조금만 신경에 거슬리는 일에도 짜증을 냈던 것이다.

나는 그 형제에게 아내의 직장을 바꿔줄 것을 부탁드렸다. 동네의 조그만 약국으로 옮기든지, 아니면 연구소 같은 데서 혼자 연구하는 일을 맡기든지, 둘 중의 하나를 택하도록 권면했다.

후일 그 아내는 동네에 조그만 약국을 개설하고, 웃음을 되찾았다고 한다.

자기만 옳다고 주장할 것이 아니라
서로의 차이를 잘 알고 그 차이를 인정하고
배려해주는 곳에 진정한 행복이 움트고 자랄 수 있다.

결과 지향적인 남편, 과정 지향적인 아내

지난 봄에 아내와 함께 중부 지방의 한 교회에서 부부 생활 세미나를 인도했다.

약 30쌍의 부부들이 참석한 가운데 세미나가 진행되었는데 첫 강의를 마친 후, 결혼한 지 5년 되었다는 한 부부를 앞으로 초청해서 몇 가지 질문을 했다.

젊은 자매는 아름다웠지만 거의 표정이 없었다.

"자매님, 언제 가장 행복하셨어요?"

무표정한 자매의 얼굴에 잔잔한 미소가 떠올랐다.

"남편은 참 자상했어요. 제가 저녁에 집안일을 마치고 방에 들어가면, 침대 위에는 예쁜 카드와 장미꽃 또는 초콜릿이 놓여 있었죠. 카드에 적힌 '당신을 사랑해', 또는 '당신을 만난 게 내 인생 최고의 행운이야' 라는 글들을 읽을 때면, 참으로 행복했지요. 온 세상을 얻은 것 같았어요."

그 말을 하는 자매는 아스라한 추억을 더듬고 있는 듯 아련한 표정이었다.

"참으로 자상하신 남편이군요. 그러면 반대로 언제 가장 슬펐습니까?"

그 순간 자매는 아무 말 없이 입술만 지긋이 깨물었다. 잠시 침묵이 흐른 후, 자매는 흐느끼며 말문을 열었다.

"얼마 전의 일인데요. 남편이 제게 한마디 상의도 하지 않고 회사에 사표를 냈을 때, 전 모든 것이 무너지는 것 같았어요. 내가 발 디디고 있던 땅이 갈라지는 것 같았어요."

간간이 흐느끼며 말을 이어나가던 자매는 급기야 울음을 터뜨리면서 "난 도대체 누구예요?"라는 질문을 던졌다.

남편은 그 옆에서 어쩔 줄 몰라하며 서 있었다. 우는 아내를 보는 그의 표정은 창피를 주어서 화가 난다거나 하는 게 아니었다. 정말 안타까워하고 있는 것이 느껴졌다. 분명 남편은 아내를 지극히 사랑하고 있었다.

"형제님, 형제님은 그렇게 자상하신 분인데 사전에 아내와 상의 좀 하시지 그랬어요?"

내 질문에 그 형제는 아내의 어깨를 가만히 감싸며 대답했다.

"아내가 걱정할 것 같아 그랬어요. 전 그 일이 아내에게 이렇게 심각한 일인지 몰랐어요. 새로운 직장에 대한 얘기가 오가고 있어서 모든 것이 결정되면 그때 얘기하면 되겠지 하고 생각했어요."

문제는 여기 있었다. 남편은 아내를 사랑하는 마음에서 오히려 아내가 걱정할까 봐 일이 마무리된 후에 이야기하려고 했다는 것이다.

어떻게 보면 정말 자상하고 아내를 배려하는 마음이 깊은 남편이다. 그러나 아내는 남편이 그런 결정을 하면서 자신을 소외시켰다는 사실 때문에 모든 것이 다 무너져내리는 듯한 아픔을 겪어야만 했다.

여기에 남녀의 차이가 있다.

결과 지향적인 남편과 과정 지향적인 아내의 차이, 그 차이를 몰랐기 때문에 이 가정에 갈등이 찾아온 것이다.

과정 지향적이라는 말은 '어떤 일을 결정하는 데 나와 의논했는가, 생각을 나눴는가'를 매우 중요하게 여긴다는 말이다.

결과 지향적이라는 말은 과정보다도 결과가 더 중요하다는 뜻이다.

결과 지향적인 남편은 '새로운 직장이 결정된 후에 아내에게 얘기하면 되겠지'라고 생각했지만, 과정 지향적인 아내는 '아니, 그런 중요한 일을 나하고 의논도 하지 않고 혼자 결정하다니 그럴 수가 있나? 난 도대체 누구야? 내가 뭐 애완용 동물인가? 예쁜 카드, 장미, 초콜릿 그 따위 것들은 단지 이벤트일 뿐이야'라고 생각하기에 이른 것이다.

아내가 과정 지향적이라는 사실을 알았다면, 그래서 아내와 함께 충분히 의논했다면, 아내는 남편의 결정을 기꺼이 따르며 남편의 힘이 되어주었을 것이다.

남편이 결과 지향적이라는 사실을 알았다면, 그래서 남편이 자신을 무시해서 의논하지 않은 것이 아니라 자신이 걱정할 것을 배려해서 나중에 말할 작정이었다는 것을 알았다면, 아내는 배신감을 느끼기는커녕 남편이 얘기해줄 때까지 기꺼이 기다렸을 것이다. 혹은 함께 의논해주기를 바라는 마음을 잘 표현할 수 있었을 것이다.

또한 남자는 목표 지향적이기도 하다.

언젠가 아내와 함께 자주 다니던 백화점에 들렀다. 아내가 처음 찾은 곳은 옷 가게였다.

"여보, 이 옷 어때요?"

아내가 옷 하나를 대보며 화사한 표정으로 물었다.

"응, 괜찮은데. 당신한테 잘 어울리는 것 같아."

진심으로 한 말이었다. 그런데 아내는 옷을 내려놓고, 두 번째 가게로 들어가 다시 다른 옷을 집어들며 다정하게 물었다.

"여보, 이 옷은 어때요?"

"으응, 그 옷도 괜찮아요."

그러나 아내는 또 옷을 내려놓고, 세 번째 가게로 들어가 이번에는 아예 옷을 입고 나와 내게 물었다.

"여보, 괜찮지요?"

난 그제야 아내가 결정한 모양이라고 생각하고 가격이 얼마일까 생각하며 "응, 좋은데"라고 말해주었다.

그런데 아내는 다시 안으로 들어가 옷을 벗어놓고 나오는 것이었다. 그 순간 내 속에서는 부글부글 무엇인가 끓어오르기 시작했다.

'도대체 사지도 않으면서 묻긴 왜 물어. 사람을 질질 끌고다

니며 왜 시간을 낭비하는 거야.'

그런 별별 생각이 다 들면서 눈앞이 침침해지기 시작했다.

이런 나의 상태를 모른 채 아내가 네 번째 가게에 들어가 또 물었다.

"여보, 이 옷은 어때요?"

"어떻긴 뭐가 어때. 사려면 빨리 사고 안 사려면 집에 가!"

나는 냅다 소리를 질러버렸다.

아내는 어이가 없다는 듯 '뭐 이런 사람이 다 있나?' 하는 표정으로 날 쳐다보았다. 그리고는 옷을 내려놓고 앞장서서 백화점을 빠져나갔다. 우리는 그렇게 해서 오랜만에 함께 가졌던 쇼핑 시간을 망치고 말았다.

내가 남녀의 차이를 잊지 않고 생활에 적용했더라면 상황이 그렇게까지 되지는 않았을 것이다.

목표 지향적인 남편, 그는 백화점에 가면 빨리 물건을 사고 돌아와야 한다. 과정 지향적인 아내, 그녀는 남편에게 "여보, 이 옷 어때요?"라고 말하면서 고르는 과정을 즐기는 것이다. 그것이 여자의 행복이다.

집에 돌아오는 길에 노점에서 마음에 드는 물건을 발견하면 앞뒤 가리지 않고 덥석 사오는 남편에게 아내는 소리를 친다.

"여보, 이런 쓸데없는 물건은 왜 또 사왔어요?"

아내에게 핀잔을 들은 남편은 '다시는 사오나봐라' 라고 다짐하지만, 시간이 지나면 또 사오는 것이 남자인 것이다.

집중하는 남편, 몇 가지를 동시에 할 수 있는 아내

"여보, 당신 도대체 내 말 듣고 있는 거예요?"

저녁 식사를 한 후 신문을 읽고 있는 나에게 설거지를 마친 아내가 다가와 앉았다.

"여보, 우리 이야기 좀 해요."

"응, 그럽시다. 무슨 일 있소?"

나는 그렇게 말하며 계속 신문을 읽어 내려갔다.

"저 오늘 친구랑 구리에 갔었거든요. 그쪽에 새로 아파트가 들어서는데 대단지더라고요. 값도 괜찮고, 공기도 좋고, 교통도 그 정도면 과히 나쁜 편도 아닌 것 같고요. 나중에 우리가 할 사역을 생각해서 아파트를 그쪽에 하나 장만해두는 것이 어때요?"

"응, 그래요? 그거 괜찮은 생각 같은데."

"그런데 말이죠. 그 아파트를 사려면 이 집을 전세 놓고 조그마한 아파트로 옮겨야 할 것 같아요. 어떻게 생각해요, 여보?"

"응, 그래요? 그럼, 그렇게 하지 뭐."

잠시 침묵이 흘렀지만, 나는 그 의미도 눈치채지 못하고 여전히 신문의 행간을 따라 시선을 움직이고 있었다.

그때 아내가 날카롭게 외치는 소리에 깜짝 놀랐다.

"여보, 당신 도대체 내 말 듣고 있는 거예요?"

나는 그제야 정신이 번쩍 나서 신문을 치우고 말하기 시작했다.

"그래, 여보, 뭐라고? 집을 판다고? 집을 팔면 우리는 당장 어디로 가지?"

"누가 집을 판다고 했어요? 당신 나하고 이야기하기가 싫으세요? 정말 당신은 왜 그렇게 집안일에 관심이 없어요? 당신하곤 도대체 대화가 안 돼요."

아내는 화를 내며 큰소리를 냈다.

"아니, 그게 무슨 소리요? 내가 집안일에 관심이 없다니, 무슨 말을 그렇게 해요?"

원인을 챙겨볼 생각은 안 하고 아내의 비판에 나 역시 짜증 섞인 소리를 내고 말았다.

"말이 안 통한다니, 그래 그만둡시다."

나의 이 말 한마디에 대화는 끊기고 우리 부부 사이에는, 아니 우리 집 전체에는 적막감이 감돌기 시작했다.

그때 아내의 말에 성의껏 귀기울였다면, 그리고 아내가 비판한다는 사실에만 초점을 맞추지 않고 대화를 잘 이끌었다면 우리는 갈등 대신 화합을 이루어냈을 것이다.

여자는 결정이 난 사실만 가지고 대화를 하는 것이 아니라 '그러면 어떨까' 하는 생각만으로도 이야기하고 싶어하고, 이야기하는 과정에서 어떤 결론을 낸다는 사실을 잠시 잊었던 것이다.

또한 자신이 하는 말이나 질문에 남편이 건성으로 대답하거나 대꾸하지 않는 것을 정말 싫어한다는 사실을 잊고 있었다. 여자는 상대가 자신의 말에 반응이 없으면 무시당했다고 생각한다. 여자는 상대가 자기의 이야기에 진지하게 관심을 가지고 있다는 믿음을 갖고 싶은 것이다.

아내 역시 내가 아내를 무시해서 그런 것이 아님을 이해하고 '집안일에 관심이 없다거나 대화가 안 된다' 는 등의 비판으로

남자는 한 번에 한 가지씩의 일을 하도록
설계되어 있지만,
여자는 한 번에 여러 가지 일을 할 수 있도록
설계되어 있다.

금방 대화를 포기할 것이 아니라 한 번에 한 가지 일밖에 못하는 남자의 기질을 이해해서 천천히 대화를 이끌었다면 좋았을 것이다.

어느 주일 저녁의 일이었다.

오후 예배를 마치고 집에 조금 일찍 들어와 축구 중계를 보고 있었다. 정말 흥미진진한 게임이었다.

그때 아내는 주방에서 저녁을 준비하며 계속 나에게 뭐라고 말을 걸어왔다.

"여보, 오늘 재학이한테 전화가 왔는데 다음주에 유격 훈련을 간대요."

"응, 그래요. 군인이면 가야지."

말을 하면서도 나는 계속 축구에 빨려들어가고 있었다.

"이렇게 장마철에 비가 많이 오는 데, 무슨 유격 훈련을 한다고 그러는지……. 혹 사고라도 나면 어쩌지요?"

"사고는 무슨 사고, 남들도 다 가는 건데."

잠시 후 아내가 주방에서 나오더니 TV 앞을 가로막고 서서는 내게 이렇게 물었다.

"아니, 여보. 당신은 아들 걱정도 안 돼요? 비가 이렇게 많이 올 때 아들이 유격 훈련을 간다는데 어떻게 그렇게 태평하세요? 당신은 도대체 집안 식구들한테 관심이나 있는 사람이에요?"

나는 아내를 흘끗 쳐다보고선 "여보, TV 좀 봅시다. 아니 이따가 얘기하면 그 사이에 뭐, 애한테 무슨 문제가 생겨요?" 하고 퉁명스럽게 말한 뒤, 자리를 옮겨 계속 축구 경기를 보았다.

아내는 기가 막히다는 표정으로 나를 잠시 내려보더니 다시 주방으로 돌아갔지만, 그날 밤은 결코 평온한 밤이 아니었다.

왜 이런 일이 일어날까?

그것은 바로 남녀의 차이 때문이다.

남자는 한 번에 한 가지씩의 일을 하도록 설계되어 있지만, 여자는 한 번에 여러 가지 일을 할 수 있도록 설계되어 있다.

신문이나 TV를 보고 있는 남편은 다른 사람과 대화를 하기가 어렵다. 그러나 아내는 부엌일이나 다림질을 하면서도 얼마든지 이야기할 수 있고 또 다른 일을 할 수도 있다.

예를 들어 아내가 남편에게 "여보, 오늘 시간이 있으니 하수구도 고치고, 형광등도 바꾸고, 삐걱거리는 아이들 책상도 손 좀 보고 쓰레기도 갖다 버려주세요"라고 말하면, 남편은 속으로 '도대체 나더러 뭘 하라는 거야. 쉬는 날만 되면 왜 이렇게 할 일이 많아' 하고 짜증스러워한다.

지혜로운 아내는 이런 남편의 특성을 잘 알고, 한 번에 한 가지씩 일을 부탁하거나 대화할 때도 이렇게 말문을 연다.

"여보, 축구 경기 재미있어요? 그 축구 보시고 나하고 이야기 좀 했으면 좋겠어요. 오늘 당신과 상의할 이야기가 있으니까요."

"여보, 오늘 신문에 무슨 특종이라도 났어요? 재미있는 기사 있으면 이따가 제게 이야기 좀 해주실래요?"

상대방의 특성을 잘 이해하고 그에 맞게끔 대처하는 것, 그것이 삶의 지혜이며 가정을 건강하게 세워가는 지름길이다.

사건적인 **남편,** 직관적인 **아내**

"여보, 또 길을 잘못 들었어요?
도대체 어디로 가는 거죠?"

새로운 장소를 찾아갈 때마다 내가 아내로부터 늘 듣는 말이다. 그런데 새로운 길을 갈 때뿐만 아니라, 며칠 전에 찾아갔던 길을 다시 찾아갈 때도 나는 여지없이 길을 헤매곤 한다.

솔직히 그것이 무척 고민스러웠다. 약도를 받아도 별 효과가 없고, 지도를 볼 때면 방향을 따라 지도를 거꾸로 들고 보아야 해독이 되는 나 자신에게 한심한 생각이 들 때가 많았다. 반대로 아내는 한 번 찾아갔던 장소는 어김없이 기억한다. 소위 말해서 길눈이 무척 밝은 편이다.

몇 년 전에 한 번 갔던 장소를 정확히 찾아내는 아내를 보며 감탄한 적이 한두 번이 아니었다.

어느 장소에 가든지 아내는 대번 동서남북을 분간하며, 지도를 보면 현재의 위치와 어떤 방향으로 나아가야 할지를 금방 확인하곤 했다.

나는 길눈이 어두운 것 때문에 많은 스트레스를 받기도 했지만, 요즈음은 아내의 신기에 가까운 길 안내 덕분에 걱정 없이 맘을 편히 가지고 운전을 한다.

지방에 강의를 하러 가는 길에 아내와 동행하면 얼마나 편한지, 정말 아내의 머릿속에는 지도가 들어 있지 않나 하는 생각을 해보기도 한다.

사실, 일반적으로 공간력이 뛰어나서 길을 찾거나 지도를 잘 보는 사람들은 남자이다. 두뇌의 구조가 다르기 때문에 남자는 공간력, 여자는 언어력이 발달되어 있다.

그런데 우리 가정은 정반대인 것이다. 아내는 공간력이 뛰어나서 방향을 잘 분간한다. 그러나 언어력은 내가 조금 더 나은 것 같다.

아내가 언제나 내게 푸념처럼 하는 말이 있다.

"말싸움을 하면 내가 이겨본 적이 없어요. 당신 무슨 말을 그렇게 징그럽게 잘해요?"

나는 영화를 보거나 무슨 일을 목격하고 난 후에 아내에게 자세하고 실감나게 이야기를 잘하는 편이다. 그러나 아내는 무슨 모임에 갔다오거나, 영화를 보고 와서도 "어땠어요?" 하고 묻는 나에게 늘 "좋았어요" 하고는 더 이상 말이 없다.

일반적으로 남자는 하루에 1만~1만5천 개의 단어를 사용하고 여자는 2만~2만5천 개의 단어를 사용한다고 한다.

아내의 논리 정연한 말에 남편들은 대답할 말을 잃고, 또는 질려서 말꼬투리를 잡고 늘어지거나, 아니면 침묵으로 대화를 중단시키거나 화제를 돌리는 것이다. 심지어는 폭력적으로 나오는 수도 있다. 말로 안 되니 힘으로 한다는, 흔한 남자들의 논리가 적용되기 때문이다.

여자들은 만나서 몇 시간씩 대화를 하고 난 후에도 헤어지면서 "자세한 건 이따 전화로 이야기할게"라고 말하며, 실제로 또 전화를 걸어 한 시간씩 후속편을 이어간다.

남편들은 이런 아내를 보면 도저히 이해가 안 된다.

'아니, 하루 종일 만나서 수다 떨었으면 됐지, 뭐가 부족해서 전화까지 하나?'라고 생각하게 되고 아내를 책망하는 경우도 종종 있다.

그러나 하루 종일 집 안에만 있었던 아내의 경우, 보통 괴로운 것이 아니다. 하루에 최소한 2만 단어는 이야기해야 하는데, 아이들과 몇 마디 한 것이 전부라 남편이 돌아오기가 무섭게 이야기의 보따리를 풀기 시작한다.

"여보, 오늘 회사 어땠어요? 날씨가 더운데 우린 언제 피서 가요?" 등등 쏟아지는 질문에 남편은 아연실색을 하게 된다.

남자의 경우 하루에 1만 단어 정도를 말한다고 하는데, 직장에서 이미 만 단어를 거의 사용해서 소진된 상태라 더 이상 말할 기력이 없는 것이다. 그래서 남편들은 이렇게 말한다.

"뭐가 어떻긴 어때, 매일 그렇지. 피서 가자고? 그래, 한번 생각해보자고."

이런 말을 들으면 아내들은 열받기 시작한다.

'이 사람이 집에는 관심이 없구나. 나에 대한 애정이 식었구나' 등등 상상의 나래를 펴기 시작하고, 이것이 갈등의 원인이 된다.

왜 이런 갈등이 일어날까? 바로 남녀의 차이 때문이다.

남자는 공간력이 뛰어나서 건물을 짓거나 다리를 건설하는 일에 뛰어난 재능을 발휘한다. 여자는 언어력이 뛰어나서 소설을 쓰거나 동시 통역, 아나운서, 학교 선생님 등 언어를 사용하는 일에 뛰어난 재능을 발휘하는 것이다.

대개의 남녀가 이렇지만 약 10% 정도는 기능이 바뀐 경우도 있다고 한다. 우리 부부가 그런 경우다.

서로가 다르다고 인정하는 것, 그것이 신뢰의 시작이다. 이런 신뢰 속에서 서로 다른 두 사람이 함께 건강하고 행복한 가정을 꾸려나가는 것이다.

어느 날, 결혼한 지 5년 정도 되었다는 부부가 나를 찾아왔다. 부부간의 대화가 도저히 되질 않아 갈등이 많다는 것이다. 아내의 주장에 의하면 남편이 자기를 무시하는 것 같다는 이야기였다. 자초지종을 들어보았더니 이런 내용이었다.

"제 남편은요, 어떤 모임에 갔다와서도 그 모임에 대해 이야기할 줄을 몰라요. '여보, 그 모임 어땠어요?' 하고 물으면 겨우 한다는 이야기가 '응, 좋았어' 정도지요. 그래서 제가 '어떻게 좋았는데요?' 하고 물으면, 기껏 한다는 얘기가 '아주 좋았어' 하고 말아요. 도대체 답답해서 못 살겠어요."

아내의 이야기를 듣고 나서 다시 남편에게 물었다.

"아니, 형제님은 그런 모임에 다녀오셔서 아내에게 그렇게 할 말이 없나요? 아내에게 그 모임에 있었던 일을 조금 자세히 설명해주실 수 없나요?"

"장로님, 아니 누군 이야기하고 싶지 않아서 안 하나요? 막상 이야기하려고 해도 잘 생각도 안 나고 정리가 안 돼 이야기를 할 수가 없어요. 단순히 좋았던 기분만 남아 있어서 그렇게 이야기할 뿐인데, 왜 그게 그렇게 못마땅하다고 절 긁는지 모르겠어요. 전 나름대로 최선을 다하고 있는데요."

많은 부부들이 겪고 있는 갈등을 그 부부도 겪고 있었다. 이야기하는 패턴이 달라 겪는 갈등이다.

언젠가 아내가 내게 말했다.

"난 둘째아이와 이야기하면 답답해 죽겠어요."

"왜요, 그 애가 어때서요?"

난 무슨 말인가 하고 물었다.

"아니, 어제 걔가 수련회에 다녀왔잖아요. 그래서 내가 '얘,

수련회 어땠니?' 하고 물었더니 그 애가 한다는 이야기가 '좋았어요' 하는 거예요. 그래서 '좋았다니, 그렇게 간단해? 어떻게 좋았는데?' 하고 물었더니 겨우 한다는 이야기가 '아주 좋았어요' 하는 거예요. 참, 이 다음에 며느리 속깨나 썩을 것 같아요."

"아니, 그게 무슨 소리요. 당신도 똑같이 그렇게 이야기하지 않아요? 내가 뭘 물어보면 늘 한다는 이야기가 '재미있었어요, 아주 재미있었어요' 하고 그만이지 않소. 뭐, 제 엄마를 닮았군 그래. 당신이 답답한 것을 느꼈다니 이제 내 심정을 알겠구려."

내 말에 아내는 얼굴을 붉히면서 변명을 했다.

"여보, 내가 언제 그랬다고 그래요. 난 다만 생각이 잘 안 나서 그랬을 뿐이지. 당신하고 이야기하고 싶지 않아서 그런 것은 아니라고요."

"여보, 그 이야기가 다 그 이야기요. 둘째놈도 그래서 그런 거라오. 당신하고 이야기하고 싶지 않아서 그런 게 아니라오. 나도 이야기하는 패턴이 사람마다 다르다는 것을 알기 전에는 당신이 답답하기도 하고 서운했지만 이제 안 그래요."

나는 책을 읽거나 영화를 보면 그 내용을 풀어서 이야기를 하지만, 아내는 늘 하는 이야기가 "재미있어요"라든가 "읽을 만해요"가 고작이다.

둘째아들이 바로 제 엄마를 닮아 늘 그런 식으로 대꾸를 하니, 아내도 그런 둘째아들의 대화법에 답답해했던 것이다.

그러나 큰아들은 나를 닮아서 사건을 잘 풀어서 이야기를 한다. 그래서 큰아들은 제 엄마와 대화를 잘하는 편이다.

왜 이런 일이 일어날까?

이야기하는 패턴의 차이 때문에 그렇다.

사건적으로 이야기하는 사람과 직관적으로 이야기하는 사람의 차이다. 사건적으로 이야기하는 사람은 6하 원칙하에 '누가 언제 어디서 무엇을 어떻게 왜' 하면서 이야기를 해나가는 패턴을 지니고 있다.

그렇게 이야기하길 좋아하는 사람을 사건적인 사람이라고 한다. 사건적인 사람은 실제 있었던 일보다 더욱 재미나게 이야기를 풀어나가는 사람이다.

그래서 사건적인 남편을 둔 아내들은 남편이 직장에서 있었던 일, 또 야유회에 놀러가서 있었던 일들을 비교적 소상히 들려주기 때문에 동료들의 아내들과 만남을 갖거나 동창회에 나가도 할 이야기가 많다.

반면에 모임에 참석했다 하더라도, 그 전체적인 느낌만을 이야기하는 사람이 있다. 그렇게 느낌만을 이야기하길 좋아하는 사람을 직관적인 사람이라고 한다.

직관적인 사람은 모임에 다녀와서도, 누가 "그 모임 어땠어요?" 하고 물으면 단순히 "좋았어" 혹은 "뭐, 그저 그랬어"라고 느낌만을 이야기하는 사람이다.

실제로 이런 사람들은 그 문제나 사건에 대해 이야기를 하고 싶어도 잘 정리되지 않고, 잘 기억나지도 않으며 느낌만이 남아 있는 경우가 많다. 그렇기 때문에 직관적인 남편을 둔 아내들은 남편으로부터 별로 듣는 이야기가 없다. 그래서 별로 할 이야기가 없다.

그런데 부부간에 별 문제가 없이 살아가다가도, 사건적인 남편을 둔 아내와 직관적인 남편을 둔 아내가 만나 이야기하면 직관적인 남편을 둔 아내는 마음이 상할 수도 있다. 직장이나 그 밖의 일들에 대한 이야기를 소상히 알고 있는, 남편의 직장 동료 아내의 말을 듣고 있노라면 '이 사람의 남편은 아내에게 자상하게 말을 해주는데 우리 남편은 날 무시해서 나한테 이야기하길 싫어하는구나' 하고 생각하는 것이다.

그래서 남편에게 "여보, 왜 날 무시해요? 누구 부인은 참 좋겠어요. 남편이 자상하게 이런저런 얘기 다 해주고. 나만 바보 같았다고요" 하고 볼멘소리를 하게 되고, 그러다 보니 부부 사이에 불만이 쌓이는 것이다.

게다가 직관적인 사람은 사건적인 사람의 말을 잘 중단시키고 "결론만 말해"라고 말함으로써 사건적인 사람에게 상처를 주기도 하고, 섣부른 판단으로 엉뚱한 결론을 내리는 실수를 범하기도 한다. 그러나 사건적인 사람은 결론을 잘 내리지 못하고 이야기의 주변을 맴돌다 직관적인 사람을 답답하게 만들기도 한다.

서로의 차이를 잘 알고,
이해의 폭을 넓히며 대화의 폭을 넓혀가는 것,
그것이 우리의 삶을 건강하고 풍성하게
만드는 비결이다.

비현실적인 남편, 현실적인 아내

지난번 미국 대통령 선거가 있던 날, 나는 미국 아버지 학교 강의 때문에 LA에 있었다.

정말 민주 국가의 종주국답게 숨막히는 접전을 벌이며, 거의 백중한 가운데 선거 운동을 마치고, 투표 당일에도 전혀 당락을 예측할 수 없는 그런 선거였다.

투표가 끝나자마자 바로 개표에 들어갔고, 나는 그 결과가 몹시 궁금했다. 처음에는 모든 매스컴이 부시의 당선으로 보도를 하다가 자정쯤 가까워오자 갑자기 개표가 중단되는 사태가 벌어졌고, 나는 거의 밤을 새우며 TV 앞에 앉아 있었지만 결과는 개표 중단이었다. 사상 최초로 발생된 사태로 당락이 모호해 진 가운데, 나는 뜬눈으로 밤을 새운 채 궁금증을 안고 아침 비행기를 타고 귀국하게 되었다.

귀국길에도 혹 뉴스가 나오면 졸린 눈을 비비며 TV를 응시했지만, 투표 결과에 대한 이야기는 전혀 없었다.

'결과가 어떻게 되었을까?'

궁금한 가운데 나는 한 열흘 만에 김포 국제 공항에 내렸다. 그리고 반갑게 미소지으며 다가오는 아내의 얼굴이 눈에 들어왔다.

그런데 나는 급한 마음에 아내를 보자마자 대뜸 "여보, 부시가 이겼소, 고어가 이겼소?" 하고 물었다.

아내는 어이없다는 듯 "여보, 그게 그렇게 궁금해요? 열흘 만에 만난 아내한테 건네는 첫마디가 그거예요? 누가 이기든 그게 무슨 상관이에요?"라고 말했다.

그 순간 뭔가 잘못되었다는 것을 눈치챘다. 그러나 이미 엎질러진 물이었다.

"아니 여보, 그게 아니라, 사실 어제 LA에서 결과를 보지 못하고 출발했기 때문에 궁금해서 하는 이야기요"라고 변명을 늘어놓았다.

"열흘 만에 집에 돌아왔으면, 집안일에 대해 먼저 물어보는 게 순서 아니에요? 부시가 되면 당신한테 뭐 득이 되는 게 있어요? 고어가 이기면 안 될 일이라도 있어요?"

너무나 한심하다는 듯이 이야기하는 아내의 말을 들으며 '그래, 나도 참 한심하구나. 그렇게 남녀 차이에 대해서 강의를 하러 다니면서도 아내의 마음 하나 읽어내지 못하다니……' 라는 생각이 들었다.

"여보, 내가 잘못했소. 그래, 집에는 별일 없소? 당신 참, 몸이 불편하다고 그랬는데 괜찮아요? 큰아이는?"

미안함을 감추기라도 하듯 나는 이것저것 질문을 던졌다.

"누가 엎드려 절 받는데요? 당신, 그렇게 그 결과가 궁금하면 왜 당락이 완전히 발표된 다음에 귀국하시지 그랬어요?"

아내의 마음은 쉽게 풀리지 않았고 공항에서 집으로 오는 내내 나는 그 뒤처리를 하느라 진땀을 흘려야 했다.

무엇이 문제였을까? 바로 남녀의 차이였다.

남자는 일반적으로 얼핏 현실 생활과는 거리가 있는 듯이 느껴지는 추상적인 주제에 대해 이야기하기를 좋아한다. 스포츠나 정치 등등 가정사와는 직접적인 관계가 없는 주제들에 대해서도 진지하게 이야기를 한다.

그러나 여자는 일반적으로 구체적인 주제에 대해 이야기하기를 좋아한다. 가정 경제나 자녀 교육, 가사 등등 가정과 직접적인 관계가 있는 주제에 대해 이야기하기를 좋아하는 것이다.

흔히들 남편들은 집에 들어오자마자 박찬호의 활약에 대한 이야기를 늘어놓는다.

"아 거참, 박찬호가 타선만 뒷받침해주었다면, 금년에는 20승도 무난했을 텐데……."

그러나 그 이야기를 듣는 아내의 마음에는 이런 생각이 들기도 한다.

'아니, 박찬호가 20승을 하면 집에 쌀이 들어오나, 아니면 밀가루라도 한 포대 들어오나. 무슨 살판이 났다고 허구한 날, 박찬호, 박세리 이야기를 하나. 그런 소리 하지 말고, 큰아이 공부나 좀 봐주지. 형광등이 나간 지 일주일이나 됐는데, 그건 빨리 고쳐줄 생각도 않고 왜 저렇게 뜬금없는 이야기만 할까.'

그래서 이런 우스갯소리가 있다. 남편들이 늘 아내에게 하는 이야기 중에 아내가 제일 싫어하는 이야기는 3위가 축구 이야기, 2위가 군대 이야기, 1위는 군대에서 축구한 이야기란다.

모두가 다 현실과는 거리가 먼 이야기, 그러나 늘 남편들이 즐겨 화제의 대상으로 삼는 이야기들이다. 그래서 아내들은 우리 남편과는 대화가 없다고 하는 것이다.

아내들의 관심사는 생활 주변의 이야기들이다. 생활 주변의 남편과 아내는 대화의 주제를 다르게 선택한다.

서로가 좋아하는 주제를 깊이 있게 다뤄주는

성숙한 대화를 통해서 부부 사이의 친밀감이

더욱 깊어질 수 있다.

이야기들을 나누며 그들을 이해하고 공감해줄 때, 아내들은 남편과 충분한 대화를 하고 있다고 생각하는 것이다.

이렇게 주변의 문제를 가지고 이야기하기를 즐기는 아내들이 하는 이야기 중에 남편들이 싫어하는 이야기가 있다고 한다.

3위가 돈 이야기다. 남편들은 아내들이 "여보, 오늘 장 보러 갔는데 도대체 1만 원 가지고는 살 것이 없더라고요" 하면 아내는 분명 물가가 올랐다는 이야기를 하는 거지만, 남편은 '흠, 내 봉급이 적다는 이야기구나' 하고 스트레스를 받게 된다고 한다.

2위는 친구 남편의 이야기다. "여보, 내 친구 명숙이네 남편은 일찍일찍 들어오고 일 주일에 한 번은 외식, 한 달에 한 번은 영화 구경을 시켜준대요. 멋지지요?"라고 아내가 이야기하면, 남편은 "그래? 그럼 그리로 가봐요. 그 집에 가서 살아보구려"라고 응답한다.

그리고 제일 싫어하는 이야기는 그 친구 남편이 돈을 많이 벌었다는 이야기다.

이렇게 남편과 아내는 대화의 주제를 다르게 선택한다.

그러나 서로의 입장을 잘 이해하고, 서로가 좋아하는 주제를 깊이 있게 다뤄주는 성숙한 대화를 통해서 부부 사이의 친밀감이 더욱 깊어질 수 있다.

6장 / 30cm의 간격을 극복하는 법

아내의 말을 마음으로 들어라

"난 당신만 보면 가슴이 터질 것 같아요."

어느 날 아내가 내게 한 말이었다.

나는 4남 2녀 가운데 남자로서는 막내였지만 집안 사정 때문에 외할머니와 부모님을 잠시 모시고 살아야 할 때가 있었다.

경제적으로 넉넉지 못한 살림에 시외할머니와 시부모님을 모시는 아내의 어려움은 보통이 아니었을 것이다. 낮에는 학교 선생님으로 일해야 했고, 집에 돌아와서는 아내와 며느리로, 또 엄마로서의 역할을 해야 했으니 몸도 피곤하고 정신적으로도 상당한 스트레스를 받은 게 사실이다.

더구나 집안의 큰일도 자연 어른이 있는 우리 집에서 치러야 했으므로 그 고통은 말이 아니었다. 그러나 육체적인 고통은 오히려 별로 크지 않았다고 나중에 토로했다.

가족들이 모였다 돌아가고 나면 으레 마음에 깊은 상처들이 남게 되었고, 감정이 상한 아내는 내게 호소를 하곤 했다.

"왜 막내가 부모님을 모셔야 해요? 아니, 모시는 것도 좋아요. 하지만 도와주고 격려는 못해줄망정, 왜 사람 속을 뒤집어 놓는지 모르겠어요."

이런 하소연성 질문을 던지며 내게 따지는 것이었다.

그때마다 나는 "여보, 그건 그런 것이 아니야. 그때 그 상황은 그런 것이 아니고, 당신이 조금 오해한 것 같아. 누가 당신 속을 뒤집어놓았다고 그래? 사실 형수나 형님의 의도는 그런 것이 아니었어. 내가 보기에는 당신의 오버센스야"라고 아내를 타이르곤 했다.

실제로 내가 객관적으로 생각해보아도, 뭐 그렇게 크게 문제가 될 상황은 아니었다. 그러면 아내는 나를 물끄러미 바라보다가 더 이상 아무 말도 하지 않았다.

나는 그런 아내의 태도를 보고 그런 대로 내 말을 알아들었구나 생각하고 무심하게 잊어버리고 말았다. 하지만 아내는 내 말에 동의한 것이 아니라 나에게 더 깊은 실망을 하고 그만 마음을 닫아버렸다는 걸 나중에야 알게 되었다.

그리고 아내를 힘들게 하는 그런 일은 계속 반복되었고, 또 온 가족이 모였다가 다 돌아간 후에 둘이서만 방 안에서 이야기를 하게 되었다. 나는 힘들어하는 아내에게, 또 상황을 머리로만 판단하면서 하나하나 설명해가며 아내를 설득하고 있었다.

"그렇게 생각할 필요없잖아. 당신은 너무 예민한 거 아냐? 무엇에든 초연해져봐. 사서 마음 고생하지 말고."

그 순간 갑자기 아내가 울부짖으며 소리를 질렀다.

"난 당신만 보면 가슴이 터질 것 같아요. 어떻게 그럴 수가 있어요?"

그날은 더 이상 대화를 할 수가 없었다.

그리고 그 다음날, 아내는 근무가 끝난 뒤 바로 귀가하지 않고 쓸쓸히 학교에 혼자 남아 있다가 늦게서야 귀가했다. 그러나 회사 일로 늦게 귀가한 나는 그 사실조차도 나중에야 알게 되었다.

돌이켜보면 한심한 일이었다.

나는 스스로를 사회에서 제법 잘 나가는 남자, 남들로부터 인정도 받고 적당히 낭만도 있는 남자, 그래서 때로는 음악회에도 데리고가고 아주 가끔 영화관에도 가는 그런 남자라고 생각해왔다. 그래서 힘들어하는 아내에게 "나 같은 남자 있으면 나와

남편은 늘 머리로 생각하고 판단해서 문제를 해결해
나가며 정체감을 확인하는 존재지만,

　여자는 가슴으로 느끼고 공감하며, 관계 속에서 정
체감을 확인하는 존재다.

보라고 해!" 하고 큰소리치기도 했다.

그래서 아내가 힘들어하거나 계속 같은 문제를 가지고 고통을 호소해오면 "당신 참 골치 아픈 여자구먼. 도대체 뭐가 그렇게 어려워? 거 노인네 한 분 제대로 못 다루고 그러고도 무슨 선생이라고 그래?"라며 윽박지르기도 했다.

내 머리로는 도대체 아내가 이해가 되지 않았던 것이다. 남녀의 차이를 몰랐고 인정하지 않았던 나로선 아내를 이해하기 어려웠던 것이다.

남편은 머리요, 아내는 가슴이다.

남편은 늘 머리로 생각하고 판단해서 문제를 해결해 나가며 정체감을 확인하는 존재지만, 여자는 가슴으로 느끼고 공감하며 관계 속에서 정체감을 확인하는 존재다.

머리로 판단하고 해결책을 제시하는 남편들은 아내에게 "당신 참 골치 아픈 여자야", 심지어는 "당신 참 골 때리는 여자야"라고 말하기도 한다.

그러나 아내들은 남편을 향해 "당신만 보면 가슴이 답답해요, 내가 미치겠어요", 심지어는 "아이고, 이 답답한 인간아!"라고 말하며 절망하는 것이다.

아내들은 남편에게 어떤 문제를 호소했는데 "그렇게 매달리지 말고 한 걸음 물러나 초연해보라. 그러면 아무 문제도 아닌 것에 애간장 녹이고 있음을 알게 될 것"이라는 충고를 들을때 가장 답답하고 미칠 것 같다고 한다. 자신들은 답답한 마음을 이야기하는데 남편은 이치를 따져가며 초연해지라고 비현실적인 충고를 하는 것이다. 아내가 필요로 하는 것은 힘들어하는 자신을 따뜻하게 감싸주는 남편의 마음인데 말이다.

아내의 마음을 읽을 줄 모르고 머리로만 판단하려는 우리 남편들의 어리석음이 아내들의 가슴을 멍들게 하고, 많은 여성들을 우울증으로 몰고가며, 심지어 가정 파탄에까지 이르게 만들고 있다.

어떤 가정 사역자는 30cm의 차이가 인류의 비극을 만들고 있다고 말했다. 남자는 머리로 살아가고 여자는 가슴으로 살아가는데, 30cm 밖에 되지 않는 머리와 가슴의 차이를 줄이지 못해 일어나는 비극이 바로 가정의 비극, 인류의 비극이라는 것이다.

어느 날 시댁과의 관계 때문에 힘들어하는 아내에게 "여보,

당신 참 힘들었지? 난 당신이 날 위해 그렇게 참아주어서 너무 고맙고 미안해. 역시 당신이 최고야'라고 말해주었다. 아내는 환히 웃으며 대꾸했다.

"뭐 그런 일이야 어느 가정에서나 다 있는 일인걸요. 당신이 이렇게 날 이해해줘서 고마워요. 힘든 일이 있더라도 당신이 날 알아주니 힘들지 않을 것 같아요."

공감해주는 내 말 한마디에 환해지는 아내의 얼굴을 보며, '여자는 가슴으로 이해받고 느끼기를 원하는 존재'라는 사실을 다시 한 번 확인할 수 있었다.

그리고 아내는 남편에게 어려움을 이야기할 때 좀더 지혜로워지도록 해야 한다. 하고자 하는 이야기가 설사 남편에 대한 불만이 아니더라도 이야기를 듣다 보면 남편은 그렇게 느낄 수도 있다. 그러니 어떤 일에 대한 불만을 털어놓을 땐 남편이 자신을 위해 해주었던 일에 대한 감사의 마음을 먼저 표현하고 이야기를 시작하라. 그러면 남편은 아내가 하는 이야기로부터 자신을 제외시키고 마음으로 아내의 이야기를 듣게 된다.

그저 직장에 관한 불만이거나 직장 상사에 대한 불만인데도 기분이 상해 있는 상태에서 이야기를 하기 때문에 남편은 아내가 '직장을 다녀야 하는 현재 상황', 즉 돈을 충분히 벌어다주지 못하는 자신에 대한 불만으로 오해하며 들을 수도 있다. 그렇게 되면 아내의 의도와는 달리 남편은 아내에게 공감하지 못하고 아내의 생각을 바로잡아주려는 노력을 하게 된다.

왜냐하면 남편 입장에서는 자신이 아내를 충분히 보호하고 있지 못하거나 행복하게 해주지 못한다는 생각이 들면 몹시 자존심이 상하고 아내로부터 신뢰받지 못한다고 느끼게 되기 때문이다. 그것은 곧 사랑을 느끼지 못하는 것과 같다. 그래서 아내를 이해하기보다 아내의 불만이 잘못된 것임을 설명하게 된다. 그러면 또 아내는 서운해하고 둘 사이에는 갈등이 생긴다. 이렇게 악순환이 계속되는 것이다.

혹은 아이들 문제로 의논을 할 때도 그나마 남편이 도와주어서 얼마나 다행인지 모른다는, 남편이 없었으면 어찌 했을지 모르겠다는 감사와 인정의 말부터 한 다음 시작하는 게 좋다. 그래야 남편은 아내의 입장에서 이야기를 듣고 아내와 같이 가슴으로 문제를 느끼게 된다. 아니면 아이들에게 관심을 가지지 않은 불성실한 아버지가 된 듯한 느낌을 받고 아내가 비판하는 것으로 오해할 수도 있다.

남편은 아내가 이야기를 할 때, 아내에게 필요한 것은 단지 마음을 열고 이야기를 들어주는 것이라는 사실을 잊지 말아야 한다. 그 이야기를 통해 자신을 비판하거나 어떤 요구 사항을 말하기 위해서라고 미리 짐작하지 말고 그저 아내의 입장이 되어 이야기를 들어주면 아내는 많은 위로를 얻고 힘을 낸다.

성경에는 이런 말씀이 있다.

무릇 지킬 만한 것보다 더욱 네 마음을 지키라. 생명의 근원이 이에서 남이니라. (잠언 4:23)

마음의 즐거움은 양약이나, 심령의 근심은 뼈로 마르게 하느니라. (잠언 17:22)

사람의 심령은 그 병을 능히 이기려니와 심령이 상하면 그것을 누가 일으키겠느냐. (잠언 18:14)

머리는 정복하고 다스리며, 일을 추진하고 이루어낼 수 있는 힘이 있다. 그러나 가슴은 감싸안고 어루만지며, 치유하고 기적을 만들어내는 힘이 있다. 머리와 가슴이 하나 되는 곳에 진정한 하나님 나라가 임할 것이다.

왕이 되고 싶으면 왕비와 살아라

나에게는 잊어버릴 수 없는 한 자매의 말이 가슴 깊이 박혀 있다.

아버지 학교 마지막 주에는 아내들을 초청하는 시간이 있어, 그들과 함께 하나님이 기뻐하시는 가정의 모습을 생각하며 용서와 화해를 통해 새로운 출발을 격려하는 시간을 갖는다.

2년 전 아버지 학교 마지막 주의 모임이 은혜 가운데 잘 끝나고 지원자들을 가정으로 파송할 준비를 하고 있었는데, 한 자매가 나를 찾아왔다.

눈에 눈물이 가득한 채 나에게 인사를 하며 이렇게 말했다.

"장로님, 저는 결혼한 지 16년이 됐는데요, 그동안 저는 하녀처럼 살아왔답니다. 우리 집에는 폭군 하나만 있었고 나머지는

다 하려고 종이었답니다. 그런데 남편이 아버지 학교에 참가하면서부터 저는 왕비처럼 살고 있답니다. 요즘 저는 꿈을 꾸고 있는 것 같아요. 장로님, 정말 감사해요."

그러고는 끝내 왈칵 눈물을 쏟으며 흐느꼈다. 그 말을 들으며 나도 함께 눈물을 흘렸다.

'아, 이것이 한국 여성들의 아픔이구나. 내 아내도 나 때문에 얼마나 많이 울었을까?'

그런 생각이 드니 가슴이 너무나 아파왔고, 아내에게 더욱 잘해야겠다는 생각이 들었다. 아울러 아버지 학교의 사역이 얼마나 소중한지 새삼 느끼며 어깨가 더욱 무거워졌다.

하나님은 가정에 자신의 대리자로 아버지를 세우셨다.

하나님이 세워주신 하나님 나라의 가장 기본 공동체인 가정에 육신의 아버지를 왕 같은 제사장으로 세우셨다. 왕은 나라를 다스리고 백성들의 필요를 충족시켜주고, 인도하고 보호해주는 최고의 지도자다. 나라가 어려움에 처했을 때 백성들에게 꿈을 주는 사람이며, 백성들의 영적인 필요를 채워주는 사람이다.

왕의 역할을 잘하는 좋은 왕을 어진 왕이라고 한다. 그러나 자기 권위만 내세우고 자기 멋대로, 자기 좋을 대로, 자기 마음대로 권력을 휘두르며 백성들의 아픔과 고통을 배려하지 않는 왕을 우리는 폭군이라고 한다.

어진 왕 밑에서 좋은 인재들이 자라나고, 문화가 꽃을 피우고 백성들이 행복한 삶을 살게 된다. 그러나 폭군 밑에서는 인재들이 숨고, 문화가 왜곡되며, 백성들이 불행하고, 서로 헐뜯고 물고 죽이는 그런 비극이 일어나며, 그 왕도 비참한 최후를 맞게 되는 것이 역사의 교훈이다.

아버지가 가정에서 왕이라면, 아내는 왕비고, 우리의 자녀들은 왕자요 공주다. 그러나 만일 그가 하녀와 산다면, 그는 이미 왕이 아니다. 하녀와 사는 사람은 머슴이기 때문이다.

이것이 하나님의 아픔이다. 많은 아버지들이 하녀와 살고 있으면서도, 많은 아버지들이 왕비여야 할 아내를 하녀로 부리면서도 자기가 왕이라고 착각하고 있기 때문이다.

하나님은 아버지를 왕으로 세우셨다. 당연히 아버지의 자리를 되찾아야 한다. 왕의 자리를 되찾기를 원한다면 우선 아내를 왕비로 대해야만 한다. 왕의 자리를 굳건히 지키려면 자녀들을 왕자로 공주로 대우해야만 한다.

베드로전서 3장 7절에서는 "남편 된 자들아, 이와 같이 지식을 따라 너희 아내와 동거하고 저는 더 연약한 그릇이요 또 생명의 은혜를 유업으로 함께 받을 자로 알아 귀히 여기라. 이는 너회 기도가 막히지 아니하게 하려 함이라"고 말씀하고 있다. 아내를 귀히 여기라고 권면하고 있는 것이다.

아내를 귀하게 여기는 것, 그것이 사랑이다. 그러면 아내가 남편에게 순종할 것이다. 남편에게 순종하는 것, 그것이 사랑이다.

남편은 아내를 왕비로 귀히 여기며, 아내는 남편을 왕으로 여겨 순종하는 것, 그것이 하나님이 원하시는 가정을 세우는 비밀이다.

아버지 학교에서는 우리가 흔히 사용하는 '집사람'이란 표현 대신에 '아내'라는 호칭을 사용할 것을 권면하고 있다.

아내라는 말은 '안해'에서 나온 말이라고 한다. 물론 '안해'라는 말의 어원은 따로 있다. 그러나 이렇게 해석해보자. '집 안에 있는 태양', 얼마나 좋은 의미인가? 집에 있는 태양이 환히 빛나면 얼마나 따뜻하고 환하며 생명이 잘 자라겠는가?

반면에 '집사람'이란 말은 '집 지키는 사람'이라는 뜻이다. 집 지키는 것에는 사람 외에도 다른 것들이 많이 있다. 그래서인지 아내들은 집사람이라는 호칭을 싫어한다.

하나님은 호칭을 매우 중요하게 여기셨다. 호칭은 바로 하나님의 성품이셨고, 그분의 사역을 의미하는 것들이었다.

'엘샤다이'는 전능하신 하나님, '엘로이'는 감찰하시는 하나님, '여호와 이레'는 준비하시는 하나님, '여호와 로이'는 나의 목자이신 하나님, '여호와 라파'는 치유하시는 하나님 등등 많은 호칭을 사용하셨다.

호칭은 그 사람의 인격과 하는 일을 표현한다.

성경은 이름을 매우 중요시하고 있다. 아브람이 아브라함으로, 사래가 사라로, 야곱이 이스라엘로, 시몬이 베드로로, 사울이 바울로 바뀌는 과정을 성경은 말씀하고 있다. 이름이 중요하다는 것이다. 이름이 그의 얼굴이기 때문이다.

아내를 비하하는 이름으로 부르지 않는 것, 그것이 하나님 나라의 문화다. 아내가 싫어하는 호칭을 사용하지 않는 것, 그것이 아내를 귀히 여기는 태도다.

부부가 서로 공대하는 것, 그것도 서로를 경외하는 것이다.

우리는 죄인이지만, 하나님의 형상을 닮은, 하나님의 인자를 지니고 이 땅에 태어난 존귀한 존재다.

부부가 서로를 사랑하고 경외할 때 가정이 세워지고, 그 가정들이 교회를 세우며 그 교회들이 나라와 국가를 세워갈 때 하나님 나라가 임할 것이다.

다름을 극복하라

"당신 왜 그렇게 무관심해요?
당신은 도대체 나에게 무관심할 뿐만 아니라 가정에도 전혀 관심이 없어요!"

이 말은 예전에 내가 자주 듣던 말이었다.

그 말을 들을 때마다 나는 속으로 '도대체 내가 뭘 무관심하다는 말인가? 그게 그렇게 눈에 들어오지 않는데 어쩌란 말인가' 하며 내 딴에는 속으로 치밀어오르는 분노를 삭이곤 했다. 혹은 "남자가 그럴 수도 있는 거지. 뭘 그런 것 가지고 일일이 따지고 그래!" 하며 윽박지르기도 했다.

아내는 무엇이든지 잘 정리해놓고 무슨 물건이든지 제자리에 있어야 마음에 안정감을 얻는 시각적인 성격이었다. 그러나 나는 무슨 소리가 들려야만 마음에 안정감을 갖는 청각적인 성격이었다.

생머리의 아내가 퍼머를 하고 왔는데도 나는 며칠씩 알아보지 못하고 지나치기 일쑤였다. 거실에 있는 사방탁자의 위치나 식탁 테이블보의 색깔이 바뀌었는데도 알아차리지 못했다. 그래서 나는 항상 아내에게 무관심한 사람, 가사에 무관심한 사람으로 찍혀 있었던 것이다.

그래서 어느 날 함께 외출할 때, 내가 관심이 있다는 것을 보여주기 위해서 부드러운 목소리로 "여보, 그 옷 괜찮은데 새로 샀소?" 하고 물었다. 아내로부터 행복에 겨운 애교를 듣고 싶었는데 아내는 오히려 질겁을 하며 이렇게 말했다.

"아니 여보, 이 옷은 내가 입고 다닌 지 벌써 3년이나 지났는데 무슨 소리예요? 정말 해도 너무하네요. 당신은 내가 무슨 옷을 입는지, 내 머리가 어떻게 바뀌는지 전혀 관심이 없어요. 그게 다 나한테 관심이 없다는 증거예요!" 하고 쏘아붙였다.

나는 할 말이 없어 입을 꾹 다물고 말았다. 괜히 공연한 말을 해서 오히려 점수만 깎이고 말았다는 생각과 아예 모른 척하고 입 다물고 있는 게 낫겠다는 생각을 하면서, 나는 점점 말을 잃어갔다.

그리고 집에만 들어오면 무조건 TV를 켰다. 그렇게 켜놓고 잘 보지도 않으면서 신문을 보고, 또 책을 읽었다. 그러다가 아내가 설거지 후에 연속극을 보려고 TV 채널을 바꾸면 소리를 질렀다.

"그냥 둬요."

그러고는 채널을 다시 원위치시켰다.

"이런 놀부 같은 사람 보았나. 당신은 보지도 않으면서 왜 그래요, 정말?"

아내는 기가 막히다는 표정으로 나를 보았지만 난 묵묵히 밀고나갔다. 내가 보지도 않는 텔레비전에 왜 집착하는지는 나도 모를 일이었다. 내가 심술첨지라서 그런지, 아니 아내가 연속극을 보고 앉아 있는 것이 싫어서 그런지.

그러나 사실은 소리가 바뀌면 안정감이 깨졌기 때문에 싫었을 뿐이다. 후일 우리 부부는 이것이 바로 성격의 차이일 뿐이라는 것을 알았다.

"여보, 이젠 당신이 머리를 새로 하고 오면, 미리 나한테 얘기해줘요. 그럼 내가 스트레스 안 받고 당신에게 얘기해줄 수 있잖아."

우리 부부는 서로가 다른 부분이 많다는 사실을 인정하고 그

것을 하나씩 이해하고, 나름대로의 방법을 써서 그 차이를 극복해보기로 했다.

어느 날 퇴근하고 집으로 들어서는데 현관에서 날 마중하던 아내가 갑자기 내 가슴에다 머리를 디밀었다. 난 갑작스런 행동에 놀라 "아니, 이 사람이 왜 이래?" 하고 보니 아내가 새로 퍼머를 한 모양이었다.

"어, 당신 퍼머를 새로 했구려. 참 멋있는데? 당신한테 아주 잘 어울려요."

꼭 이래야만 알아보겠느냐는 듯이 곱게 눈을 흘기는 아내를 안아주며 우리는 함께 웃었다. 그리고 나는 소리에서 자유를 얻었고, 아내는 TV 채널을 마음대로 바꿀 수 있게 되었다. 불행하게도 그후에는 사역에 바빠서 TV 시청할 시간이 거의 없어졌지만 말이다.

여자가 시각적이면 남자는 그런 대로 견딜 수 있다.
아내가 시각적이라 그런 잔소리를 한다고 생각하면서,
조금만 신경을 써주어도 아내는 만족해한다.
그러나 문제는 남자가 시각적인 경우이다.

이런 사람은 스스로 매우 조심해야 한다.
아내와 자녀의 인격을 파멸로 몰고갈
위험성이 아주 높은 성격이기 때문이다.

나는 상담을 통해 지나치게 시각적인 대학 교수를 남편으로 둔 아내가 결국 정신 병원에 가야 하는 그런 아픔을 보았다.

2000년 5월, 대학생인 아들이 부모를 망치로 살해하고, 시체를 토막내서 버린 사건이 있었다. 그 아버지가 시각적인 성격이었다. 큰아들은 TV 방송과의 인터뷰에서 아버지가 외출에서 돌아올 때 '슬리퍼가 흐트러져 있거나, 방바닥에 머리카락이 떨어져 있으면 그날은 난리가 나는 날'이었고, 중학교 이후에는 집에서 거의 웃어본 기억이 없었다고 말했다.

시각적인 아버지가 집에 돌아오면 온 가족은 스트레스를 받는다.

좀 정리 정돈이 덜 되어 있으면 어떤가? 그것이 영생과 무슨 관련이 있단 말인가? 삶을 풍성하게 살기 위해선 상대방을 이해할 수 있는 여유가 있어야 한다. 좀 흐트러진 곳에 더 여유가 있지 않을까?

우리 나라도 이제 이혼이 남의 집 이야기가 아니다. 세 쌍 중한 쌍이 이혼을 한다는 결코 바람직하지 못한 통계 수치가 우리를 안타깝게 한다. 이혼 사유 중 1위를 차지하는 것이 바로 성격이 다르다는 것이다. 그러니까 성격 차이가 부부 사이에 갈등을 일으키는 주범이라는 이야기일 것이다.

사랑은 오래 참고 오래 견디는 것이다.

오래 참고 오래 견딘다는 의미는 서로가 다르다는 사실을 인정하고 받아들이는 것이다. 나와 다른 것을 나쁜 것, 잘못된 것이라고 판단하고 비판하지 말자. 하나님은 우리의 다름이 그리스도 안에서 서로 조화를 이루며 연합되어 우리의 삶이 성장하고 풍성해지길 원하고 있는 것이다. 다름의 극복으로 조화롭고 행복한 삶을 누릴 수 있다.

불편해지기 원하지 않는다면 결혼하지 말라. 행복해지기 원한다면 결혼하라. 그러나 결혼한다고 해서 무조건 다 행복해지는 것은 아니다.

우리의 구원을 위해 예수님께서 대가를 치르셨듯이 우리도 마땅한 대가를 치러야 한다. 불편을 참고 견디는 것, 서로 다르다는 것을 인정하고 용납하는 것, 거기에 우리의 갈등 극복의 비결, 행복의 비결이 있다.

이 일은 그리스도 안에서 가능한 일이다.

너희는 모든 악독과 노함과 분냄과 떠드는 것과 훼방하는 것을 모든 악의와 함께 버리고 서로 인자하게 하며 불쌍히 여기며 서로 용서하기를 하나님이 그리스도 안에서 너희를 용서하심과 같이 하라. (에베소서 4:31~32)

팔불출이 꾸미는 행복한 세상

한국 가정에서는
가족이 인격적으로 만나지 못하고 늘 수박 겉핥기 식의 대화만
이루어짐으로써 가족 사이에 벽을 만들고 있다. 벌거벗었으나
부끄러움이 없는 그런 친밀을 우리 가정에서 사라지게 만드는
원인은 여러 가지가 있으나, 그중 대표적인 것이 바로 체면 문
화다.

체면 문화는 남을 존중하고 남을 배려하는 문화가 아니라, 늘
남을 의식하고 남에 의해 조정되는 문화다.

그래서 우리는 늘 "남부끄럽지도 않니?", "남사스러워 어떻
게 살지?", "남부끄럽게", 그리고 요즈음 젊은이들은 "쪽 팔리
게"라는 말을 많이 사용한다. 이런 의식이 다른 사람에게 피해

를 주지 않고 다른 사람을 생각하는 태도에 영향을 미친다면 좋겠지만 그렇지 않은 게 문제다.

다른 사람의 눈에 어떻게 비칠지, 내면보다는 겉모습이 우선시되고, 그러다 보니 진실과는 거리가 먼 겉치레가 우선되는 것이다.

체면 문화의 폐단은 많지만 그중 가장 큰 병폐는, 남 앞에서 자기 가족을 칭찬하거나 격려해주지 못한다는 점이다.

남들 앞에서 자기 가족을 칭찬하는 사람이 있으면 우리는 그를 팔불출이라 부르고, 특별히 남자들은 이 팔불출이라는 소리를 매우 부끄러워하고 싫어한다. 이런 소리를 듣는 사람을 경멸하고, 자신이 듣게 되면 더욱 참지 못한다.

그래서 우리는 자기의 가장 소중한 이웃인 가족들을 남들 앞에서 칭찬하지 못하고, 오히려 그들 가슴에 못을 박는 말을 많이 주고받는다.

교회에서도 다른 사람이 "집사님, 사모님이 참 미인이신데요" 하고 말하면 보통의 경우, 남편들은 "얼굴만 예쁘면 뭐해요. 마음씨가 고와야지요"라고 말한다. 그렇게 말하는 것을 본인은 겸손이라고 생각할지 모르지만 그건 겸손이 아니라 가족에게 상처를 주는 말이다.

또 자녀들에 대해서도 마찬가지다.

"집사님, 아드님이 참 영리하게 생겼네요?" 하고 말하면 보통의 경우, 아버지들은 "얼굴만 영리하게 생기면 뭐해요, 말을 어찌나 안 듣는지"라고 말한다. 그렇게 이야기하는 것이 겸손이라고 생각하기 때문이다.

한번은 교회에서 아내들이 이렇게 이야기하는 것을 들었다. 어느 여자 집사에게 "집사님, 남편 되시는 분이 참 건장해 보이시네요?" 했더니 "네, 허우대야 멀쩡하지요"라고 하는 것이다. 그럼 뭐가 문제라는 말인지, 듣는 내가 다 놀라고 미안스러울 지경이었다.

이 모든 것이 다 체면 문화의 잔재다.

언젠가 우리 부부가 가정의 달을 맞이하여, 지방에 있는 한 큰 교회에서 부부 생활 세미나를 인도하게 되었을 때의 일이다.

저녁 식사 후, 강의를 하기 전에 담임 목사님 방에 안내되어 차를 대접받는 중에 아주 기품이 있고 아름다운, 그러나 얼굴이 어두운 여성이 차를 들고 들어왔다. 사모님일 것이라는 생각이 들어 내가 웃으면서 목사님에게 말했다.

"목사님, 사모님이신가보죠? 정말 미인이신데요?"

그래서 우리는 자기의 가장 소중한 가족들을
남들 앞에서 칭찬하지 못하고,
오히려 그들 가슴에 못을 박는 말을 많이 주고받는다.

그 남자가 원하는 여자, 그 여자가 원하는 남자

그러자 목사님은 아주 무뚝뚝하고 딱 부러지는 말투로 이렇게 말했다.

"아니, 한국 여자 치고 저 정도 안 생긴 여자 있습니까?"

그 말을 듣고 나는 깜짝 놀랐으며 괜히 내가 낯을 들 수가 없었다. 사모님과 눈이 마주칠까 봐서였다. 사모님의 얼굴이 어두운 이유를 알 수 있었다.

나는 그날 목사님에게 조심스럽게, 하지만 간곡하게 한국의 체면 문화에 대해 이야기를 드렸다.

내 이야기를 묵묵히 듣고 있던 목사님은 연신 고개를 끄덕였다. 그리고 부부 세미나가 끝난 후, 나와서 축도하기 전에 성도들 앞에서 공개적으로 사과했다.

체면 문화를 내려놓겠다는 승리의 선언이었으며, 자신도 모르게 붙들려 있던 잘못된 전통 문화의 잔재를 내려놓고, 하나님 나라의 문화로 살겠다는 의지의 표현이었다. 사모님 얼굴이 그 순간 얼마나 빛이 났는지 나는 느낄 수 있었다.

내가 아버지 학교에서 이 강의를 했더니, 언젠가 한 아버지가 손을 들고 내게 이렇게 질문했다.

"장로님, 그 목사님께서 겸손해서 그렇게 말씀하신 것 아닐까요?"

나는 그때 다시 한 번 깜짝 놀랐다.

우리 한국의 아버지들은 가장 사랑하는 가족들을
남들 앞에서 웃음거리로 비하시키고도,

그것을 겸손이라고 생각하는 것이다.

참으로 그릇된 가치관이다.

성경적인 겸손은 자신을 낮추는 것이라기보다 남을 자신보
다 더 낮게 여기는, 즉 남의 가치를 인정하고 세워주는 것이다.

가족들을 자신의 소유물인 양 착각해서 남들 앞에서 비하하
는 이 시대의 아버지들은 아내와 자녀들이 당하는 아픔을 알지
못하고, 그들의 가슴이 까맣게 타들어가게 만들며, 생의 의욕을
좌절시키는 그런 잘못된 문화에 젖어 있다.

교회에서도 목사님이 누군가에게 어떤 일을 부탁하면 사람
들은 "저는 할 줄 모릅니다. 저는 벌레 같은 사람입니다"라는 말
을 많이 한다고 한다. 자신은 겸손하다고 생각하고 하는 말일
것이다. 그러나 정말 난센스 같은 이야기이다.

'자신을 벌레 같은 사람'이라고 깎아내리는 것, 그것은 겸손
이 아니다. 그것은 자신을 알지 못하는 무지이며 오히려 교만일
지도 모른다. 하나님이 창조하신 스스로를 사랑하지 못하는 어

리석음이다.

우리는 하나님의 형상으로 지음을 받은 존재이다. 나는 그런 소리를 들을 때마다 '아니, 하나님의 형상인 우리가 벌레 같다니, 그럼 하나님은?' 이라는 생각이 들어 안타깝기 그지없다. 참으로 가슴 아픈 이야기다.

성경에는 팔불출이라는 말이 없다. 하나님 나라의 문화에는 팔불출 문화가 없기 때문이다. 만일 성경에서 팔불출의 원조를 찾으라면 누구일까?

정말정말 불경스러운 이야기지만, 우리 한국의 전통 문화의 관점에서 본다면 우리 하나님 아버지가 아닐까?

하나님은 늘 우리에게 "너는 내 것이다. 너는 존귀롭고, 보배롭고, 사랑스런 존재다. 너는 내 사랑하는 아들이요, 기뻐하는 아들이다" 등등의 이야기를 하신다. 늘 우리를 사랑하시고 어여삐 여기신다.

이제는 체면 문화의 잔재인 팔불출 문화에서 벗어나야 할 때다. 남들 앞에서 가족을 인정하고 격려하는 문화를 만들어가야 한다. 남들의 가치를 세워주면서 자신의 가족도 격려하는 문화가 하나님 나라의 문화이다.

"형제님의 아내도 아름다우시던데, 사실 제 아내는 마음씨가
정말 곱답니다."
"형제님의 따님도 정말 영리하게 생겼던데, 우리 애는 얼마
나 착한지 동생을 정말 잘 돌본답니다. 참으로 듬직하지요."
하나님 나라의 문화가 정착되어야 가족이 하나로 결속되고,
그 속에서 스스로에 대한 존귀감과 자신감이 강한 자녀들이 양
육될 수 있을 것이다.

내가 바라는 건

어느 날 한 부인이 전화를 해, 나와 아내를 저녁 식사에 초대하고 싶다고 말했다. 남편이 지난 아버지 학교에 참석했는데 그 이후 얼마나 달라졌는지, 감사의 마음을 전하고 싶다는 것이었다.

감사를 받을 자격이 있을지는 몰라도 좋은 일로 함께 식사를 하고 싶다는 그 마음이 고마워 우리 부부는 기꺼이 그 초대에 응했다.

우리를 보자, 그 부부는 진심으로 반갑게 맞아주었다. 네 사람은 오랫동안 가까이 지내온 지인처럼 많은 이야기를 나누면서 아주 유쾌한 저녁 식사를 했다.

"나만한 남편이 없다고 생각하고 살고 있는데 느닷없이 별거

하면서 생각을 좀 해보자는 겁니다. 어찌나 놀랐던지."

남편이 말하자 아내는 가만히 부드러운 미소를 지었다. 외향적이고 시원시원한 남편에 비해 아내는 말이 없고 조용하며 차분한 이미지였다.

"왜 그러냐고, 내가 뭐 잘못했냐고 물었더니, 누구 잘못이니 하는 그런 문제가 아니라더군요. 이 사람 성격은 제가 압니다. 실수할 사람이 아니고 헛된 말 할 사람이 아니거든요. 내가 무슨 잘못을 했는지 몰라도 정신이 번쩍 들더라고요."

남편은 그 말을 하면서 아내를 바라보았고 아내는 수줍은 듯 고개를 약간 숙였다. 부부는 본래 사랑이 깊은 커플이었다. 그런데 서로를 알지 못하고 오해하는 바람에 사랑하는 부부가 헤어지는 아픔을 겪을 뻔한 것이다.

부부의 사연을 들어보니 이랬다.

남편의 열렬한 구애에 2년 만에 결혼에 성공한 부부는 남들 보기에 부러움을 사는 부부였다. 음대에서 플루트를 전공한 아내는 아름다운 외모와 뛰어난 요리 솜씨까지 갖춘 사랑스런 여자였고, 전문경영인이라는 꿈을 향해 전진하고 있는 남편은 적극적인 성격에다 키도 훤칠하니 잘생긴 남자였다.

남편은 아내에게 청혼했을 때 했던 말, '이 세상에서 가장 행복한 여자로 만들어주겠다'는 말을 정말이지 실천하고 싶었다. 생각 같아선 손에 물 한 방울 안 묻히게 하고 싶었다. 하지만 그 것은 현실적으로 불가능했고, 대신 음악을 좋아하는 아내를 위 해 서재를 포기하고 방음 시설을 완벽하게 갖춘 작은 음악실을 만들어주었다. 아무리 바빠도 멋진 휴가를 위해 미리 스케줄을 잡아 아내가 걷고 싶어했던 퐁네프 다리를 걸었던 남편이었다.

그러면서 남편은 스스로의 사랑에 만족하고 탄복하면서 아 내 역시 그럴 것이라 여겼다. 자신과 아내의 사랑을 의심한 적 이 없었다.

그런데 아내가 폭탄 선언을 한 것이다. 남편은 아내에게 혹시 더 좋은 사람이 나타났나 하는 생각까지 들었다. 하지만 그럴 아내가 아니었다. 이유를 알고 헤어지든 별거를 하든 결정하자 고 설득한 끝에 아내로부터 들은 이야기는 성격이 안 맞다는 것 이었다.

"오랫동안 얘기한 끝에 아내로부터 성격이 안 맞는다는 말을 들었어요."

아내를 무척 사랑하는 남편, 그리고 그 사랑을 아내에게 아낌 없이 퍼붓고 있기 때문에 아내도 느끼고 있다고 철석같이 믿는 남편, 하지만 아내는 이별을 준비하고 있었다. 그건 바로 서로가 각자의 사랑법만 생각하고 있었기 때문이었다.

남편은 아내를 위해 자신의 서재로 사용할 방을 내줄 만큼 아내를 사랑했고 더 이상 잘할 수가 없다고 믿었다. 하지만 아내는 남편의 그런 마음도 무척 고마웠지만 조금씩 불만이 쌓이기 시작했고, 나중에는 남편이 아무리 사랑을 표현해도 느껴지지 않았다.

아내는 남편이 퇴근할 때쯤 전화해주기를 바랐다. 늦든 일찍 오든, 언제 올지 몰라 기다리는 것이 참 싫었다. 그런데 남편은 그 말을 잘 지켜주지 않았다. 어떨 땐 12시가 넘어서, 어떨 땐 8시가 채 안 되어서 들이닥치는 남편이 아내는 못마땅했다.

그리고 아내는 남편이 만들어준 방에서 남편과 함께 음악 감상을 하고 싶어했다. 하지만 남편은 "난 별로 좋은 줄 모르겠어. 나 없을 때 들으면 안 될까? 대신 우리 나가자. 바닷가재 좋아하잖아, 당신. 새로 개업했는데 아주 잘한대"라며 아내의 요청을 새겨듣지 않았다.

남편은 남편대로 아내가 자신의 마음을 못 느끼는 것이 의아했고, 아내는 남편이 정말 자신을 사랑하는 건지 모르겠다는 생각이 들기 시작했다.

"솔직히 나만큼 아내한테 잘하는 사람이 드물다고 생각했어요. 아내가 저한테 불만이 있을 줄 몰랐어요."

"내가 원하는 건 들어주지 않고 자기가 원하는 대로만 해주니까, 그것이 아무리 고마운 일이라도 사랑이 느껴지지 않았어요. 이렇게 견디다가는 사랑하는 마음보다 원망만 남을 것 같았어요."

얼마나 안타까운 일인가. 남편이 아무리 아내에게 잘해주어도 아내가 느끼지 못하니 말이다.

아내는 자신의 부탁을 남편이 들어주지 않으면 서운해하고 사랑을 의심한다. 자신이 원하는 것이 아무리 사소한 것일지라도, 아무리 남편이 다른 것을 잘해주어도, 그것이 아무리 큰 것이라도 소용없다.

여자는, 작지만 자신이 중요하거나 소중하다고 느끼는 것을 남편이 배려하고 도와주기를 바란다.

왜냐하면 여자의 가장 기본적인 욕구가 바로 관심과 이해이기 때문이다.

그것이 충족되지 않을 때 아무리 남편이 사랑을 퍼부어도 아내의 사랑의 그릇은 채워지지 않는다.

여왕처럼 모셔도 행복하지 않은 것이다.

아내의 폭탄 선언에 그 남편은 무엇인가 자신이 모르는 문제가 있다고 생각하고 아내에게 기회를 줄 것을 요구했다. 아내는 아버지 학교에 참가해줄 것을 부탁했고, 본래 아내를 사랑하고 아내를 위해서라면 무엇이든 할 마음이었던 그는 기꺼이 아버지 학교에 참가했던 것이다.

"일정이 지날수록 내가 모르는 게 참 많았다는 생각이 들었습니다. 아내의 잔은 여기 있는데 엉뚱하게 다른 잔에다 차를 따르고 있었던 꼴이었지요."

아내의 말대로 남편은 아버지 학교에서의 깨달음을 생활에서 실천했고 부부 사이는 금방 좋아졌다. 지나놓고 보니 모르는 사이 저지르는 잘못이 의외로 많았다고 그는 고백했다. 멀쩡한 부부가 생이별을 할 뻔한 위기에서 벗어나는 데 아버지 학교가 한몫을 했다니 흐뭇했다.

그 부부의 이야기를 들으면서 나는 다시 한 번, 부부 사이의 차이를 알고 그것을 인정하고 서로가 원하는 사랑의 언어를 사용하는 것이 얼마나 중요한지 생각했다.

그런데 그 아내도 남편을 사랑하는 법을, 슬기로운 사랑법을 모르긴 했다. 남편에게 자신이 원하는 것을 분명히 말했으면 상황은 달라졌을지 모른다. 아내가 청하지 않으면 남편은 자신이 충분히 해주고 있다고 생각할 수 있기 때문이다.

많은 여자들은 자기가 말하지 않아도 남자가 자기 마음을 알아차리고 원하는 것을 해주기를 바란다. 그리고 그러지 않을 경우 서운해한다. 하지만 남자는 여자의 섬세한 마음을 읽는 데 그리 익숙하지 못하다. 남편에게 바라는 게 있다면 확실하게 요청해야 한다. 가능한 한 정확하게 직접적으로 청해야 한다. 우회적으로 표현해도 알아들을 것이라 짐작하면 대부분의 경우 실패한다.

그리고 무엇인가를 부탁할 땐 설득하겠다는 생각보다 도움을 청한다는 태도로 해야 더욱 효과적이다. 왜냐하면 남자는 자기가 사랑하는 여자의 멋진 흑기사가 되고 싶어하기 때문이다. 여자의 보호자가 되고 싶지 부하가 되고 싶은 게 아니다.

자칫했으면 가지고 있는 문제에 비해 엄청나게 잘못된 결론으로 치달을 뻔했던 그 부부는 서로의 사랑법을 수정함으로써 전보다 훨씬 행복한 결혼 생활을 이어가게 되었다.

흐뭇하고 맛있는 저녁 식사 시간이었다.

아름다운 편지

아름다운 부부를 본 적이 있다.

후배 부부의 이야기인데 그 사연을 들으면서 배운 점이 참 많았다.

후배가 친구에게 보증을 잘못 서주어 대신 빚을 갚아주게 되었다. 후배는 벙어리 냉가슴 앓듯이 아내에게 말도 못하고 몇날 며칠을 끙끙대었다. 1천만 원이면 아내가 3년을 목표로 모으기 위해 얼마나 애를 쓰는지 잘 아는 그였다. 한 달 한 달 액수가 늘어나는 적금 통장을 아기인 양 소중한 몸짓으로 껴안고 하던 아내를 보았던 그였다. 그런 아내에게 차마 말을 꺼낼 수가 없었다.

아내는 남편이 말 못할 고민에 빠진 것을 느끼고 몇 번 떠보았

322 그 남자가 원하는 여자, 그 여자가 원하는 남자

지만 아무 말도 들을 수가 없었다.

남편은 그 일로 고민에 빠지게 되면서 지난날들을 돌아보게 되었고 아내에 대한 미안함에 마음이 아팠다. 유행가 가사처럼 아내는 '나만의 여인'이었는데, '보고 또 보고 싶은 여인'인데도 '따뜻한 밥 한 번 제대로 못 사주고', '그 흔한 옷 한 벌 못 사준' 것 같았다. 그야말로 '나만의 등불이었고 어두운 세상을 밝혀준' 아내였는데 못난 자신을 만나 마음 고생만 시켜 '그 고왔던 얼굴이 많이 변한' 아내의 '거칠어진 손 한 번 잡아주지 못한' 무심함에 그는 아내의 얼굴을 제대로 볼 수가 없었다.

그런데 1천만 원이라는 큰돈을 날렸다고 말해야 하니 도저히 못할 것 같았다.

그렇게 가슴앓이를 하던 어느 날, 남편은 한 통의 편지를 받았다. 비즈니스 관계든 친구든 모두 이메일로 주고받은 지가 오래전인데 난데없는 편지에 그는 놀랐다. 그것도 우편 집배원이 직접 전달해주는 등기였다. 사무실에서 함께 근무하는 동료들도 궁금한 듯 기웃거렸다.

발신인 자리에 얌전히 적혀 있는 이름은 다름 아닌 아내였다. 더욱 어리둥절해진 그는 편지를 꺼내 읽기 시작했다. 그리고 그는 급히 화장실로 갔다. 눈물이 나올 것 같아서였다.

오랜만에 당신에게 편지를 쓰네요.

도대체 몇 년 만인지 모르겠어요. 난 내가 꽤 낭만적이라고
생각했는데 아니었네요.

여보.

당신이 요즘 왜 식사도 제대로 못하고 잠도 설치는지 알아요.

여보…….

나도 처음엔 솔직히 속이 많이 상했어요. 우리한테는 너무나
큰돈이니까요. 화도 났어요. 하지만 생각해보니 당신이 나보다
더 속상할 거 같았어요. 믿었던 친구였을 테니까요.

당신의 그 속상함은 어쩌면 돈으로 환산할 수 없는 깊이라는
생각이 들었어요. 돈이야 다시 벌 수도 있지만 믿었던 친구로
인한 그 상처는 치유하기 어려울 거라는 생각이 들자 제 마음까
지 아팠어요.

게다가 나한테 미안한 마음까지 겹쳐 당신 마음이 마음이 아
니었을 거라는 거, 충분히 짐작해요.

여보.

당신을 너무 야단치지 말아요. 당신은 착하고 좋은 마음으로
시작한 일이니까요.

돈보다 더 소중한 게 당신 마음이에요. 당신이 빨리 홀홀 털

고 일상으로 돌아왔으면 좋겠어요. 늘 우리에게 힘이 되고 우리에게 밝은 미소를 주는 당신으로 말이에요.

제게는 1천만 원이라는 돈보다 당신이 소중해요. 당신의 선한 마음, 남을 돕고 믿는 건강한 마음이 소중해요.

난 내 남편이 친구의 어려움을 외면하는 독한 사람이 아니라는 사실에 감사해요.

여보, 힘내세요. 당신은 우리에게 이 세상에서 가장 귀하고 자랑스러운 존재예요.

그리고 앞으로는 돈에 관한 거래는 좀더 신중했으면 좋겠다는 부탁을 드려요.

추신 : 돈 마련했어요. 여섯 달 남은 적금에다 마이너스 대출 좀 받았어요. 건강하면 우리가 충분히 갚을 수 있는 금액밖에 안 돼요. 힘내요. 파이팅, 아자아자!!

후배가 지갑에 넣고 다니는 그 편지를 읽고 나 역시 가슴이 뜨거워지고 코끝이 찡했다. 후배는 친구 대신 대출금을 다 갚고 열심히 살고 있다.

그 후배 부부는 비록 큰돈을 잃었지만 결코 돈으로 살 수 없는 사랑을 확인하고 그 사랑보다 더 강한 사랑을 간직하게 됨으로써 평생 닳지 않을 에너지를 지니게 되었다.

그 이야기를 들으면서 참 아름답고 현명한 아내라는 생각이 들었고, 후배 부부는 그 어떤 부부보다 행복하게 살 것이라고 확신했다.

남편이 어떤 잘못이나 실수를 저질렀을 때 아내의 반응에 따라 둘 사이의 사랑이 깊어질 수도 있고, 아니면 부부 사이에 단단하고 높은 벽이 생길 수도 있다.

남편의 잘못이나 실수를 질타하고 원망한다고 해서
  상황이 달라지는 것은 아니다. 오히려 남편이 품고 있던
  미안함과 죄의식을 묽게 할 수가 있다.

남편이 실수를 저지르거나 잘못했을 때, 그래서 미안해하고 자존심 상해할수록 용서하고 사랑으로 감싸주어야 한다. 특히 그 잘못으로 인해 가족들이 어려움에 처하게 되었을 때 남편은 더욱 못 견뎌하는데, 그럴 때 아내가 사랑으로 격려해주면 그 전에는 가지지 못한 큰 사랑과 힘을 얻게 된다. 그 잘못이 클수록 그것을 감싸는 아내의 사랑은 가치를 발하는 것이다.

사랑은 인간에게, 아니 살아 있는 생명체에게 가장 강력한 에너지다.

후배의 아내는 그 마음만 아름답고 현명했던 것이 아니라, 그것을 표현하는 방법 또한 더욱 효과적이고 감동적이었다.

남편이나 아내에게 가끔 편지를 써라.

이런 충고나 조언은 책이나 방송을 통해 종종 접할 것이다. 그럼에도 불구하고 그것을 실천하는 사람은 드물다. 하지만 편지가 얼마나 효과적인지, 부부 사이를 얼마나 새롭게 업그레이드시키는지, 얼마나 서로의 사랑을 키워주는지 경험해본 사람은 알 것이다.

편지를 잘 쓰지 못해서 할 수 없다고 말하지 말라. 편지를 잘 쓰려고 하지 말고 진심이 느껴지게 써라.

특히 부부 사이가 좋고 원만할 때보다 힘들고 갈등이 있을 때 편지를 이용하면 더 효과적이다. 갈등이 있을 때는 자칫하면 감정적으로 행동하거나 대화하게 된다. 그렇다고 분노나 불만을 속에 쌓아놓고만 있으면 더 큰 문제를 부르게 되므로 갈등과 다툼의 현장에서 한 걸음 빠져나온 다음, 편지를 써라.

편지를 쓰는 동안 스스로도 차분히 정리할 수 있어 문제를 왜곡하거나 감정을 과장하게 되는 실수를 경계할 수 있으며, 상대에게 진심을 정확히 전달할 수 있으니 일거양득이라 하겠다. 편지를 쓸 때는 자신의 감정을 솔직히, 그리고 완곡하게 표현하는 것이 좋다. 화가 나고 슬프고 우울한 심정을 솔직히 표현하고, 후회가 되거나 잘못을 인정하고 용서를 빌어야 할 부분은 상대가 느낄 수 있도록 분명히 표현해야 한다.

편지는 감정을 정화하거나 혹은 어떤 문제를 해결하는 데 아주 좋은 방법임을 기억하라.